刑務所の精神科医

治療と刑罰のあいだで考えたこと

野村俊明

みすず書房

目次

はじめに

本書のタイトルである『刑務所の精神科医』には二つの意味がある。一つは、本書が、主として刑務所などの矯正施設に精神科医として勤めた経験に基づいて書かれていることによる。

矯正施設とは法務省が管轄する少年施設や刑事施設を指している。刑事施設は刑法に基づき、被疑者、未決者、死刑囚を収容する拘置所と、刑を執行する刑務所に大別される。少年施設には少年法の精神にのっとり、非行少年（非行少女も含まれる）の資質を鑑別するための施設である少年鑑別所と少年少女の健全な育成を目標として矯正教育を行う少年院がある。したがって、少年院への収容は刑罰ではなく保護と健全育成を目標としている。もっとも収容される側からすれば強制的な措置であり、刑罰として感じられるのが自然であるかもしれない。

刑務所に収容されているのは、裁判で有罪判決を受けた人々である。しかし、一口に犯罪といっても千差万別である。計画的に殺人を行った者、見知らぬ通行人に暴行を加えた者、覚せい剤を売りさばこうとして逮捕された者、食べるのに困ってコンビニでおにぎりを万引きして逮捕された者、家族の介護に疲れて心中を図り自分は死に切れず有罪判決を受けた者。刑務所には、ありとあらゆる人生がある。少年院には、非行・犯罪をしたため家庭裁判所で収容が必要と判断された一四歳から二〇歳までの少年少女がいる。少年院にもまたさまざまな人生がある。同じように、拘置所や少年鑑別所にもさまざまな人生がある。

本書で「刑務所」という言葉を用いたもう一つの意味は、刑務所に代表される矯正施設が、私たちの日常生活から高い塀で隔てられ、見えにくい世界になっていることと関係している。ここでは「刑務所」という言葉は、私たちの社会の影の部分、陽のあてられていない部分を指すものとして使われている。つまり、刑務所という言葉はある種の隠喩である。

こうした「刑務所」での私の経験の一部を書き綴ったのが本書である。矯正施設に着任したころから始め、折々に考えたいくつかの事柄について、医療機関での経験も織り込みながら記述してみた。

私は、常勤・非常勤併せて二〇年以上、矯正施設に精神科医として勤務した。非常勤や医療共助（常勤医師が他施設で診療すること）を合わせると一〇以上の施設で診療に携わった。とはいえ、もっと長い年月矯正医療にかかわっている医師は数多くおり、私が本書のタイトルに『刑務所の精神科医』という言葉を使うことにためらいもあったが、冒頭に述べた二重の意味も含めあえてこのタイトルを採用した。ご容赦願いたい。

本書では、記述に具体性を持たせるため事例を紹介しているが、これらはすべて各人の属性に大幅に変更を加えてあることをお断りしておく。記述はすべて私の経験に基づいており、着想を得た事例が存在しているが、本書の内容から個人を特定することはできない。

なお、「矯正施設で見た家族のかたち」「矯正施設における精神療法」の章は、それぞれ下記の初出論文に大幅な加筆・再構成を加えたものである。着想の機会をいただいたことに感謝する。

・「刑事施設での臨床からみた家族」青木喜久代編『親のメンタルヘルス――新たな子育て時代を生き抜く』ぎょうせい、一九二―二〇二頁、二〇〇九

・「加害者に対する精神療法」『精神療法』四一巻一号、一五―一八頁、二〇一五

本書はエッセイであり、研究論文ではないので文献は引用したものなどの最低限を巻末にあげた。

刑務所の精神科医

刑務所医者事始め

医者になって一〇年もたたないころ、私は医療少年院（現第三種少年院）に精神科医として勤務することになった。研究会で知り合った友人に誘われるまで、医療少年院はその存在すら知らない施設だった。当然どのような仕事をするのかもよく理解していなかった。

医療少年院は、少年院に収容された非行少年少女の中で、特に専門的な治療を要すると判断された人が送致されてくる施設である。私が勤めた医療少年院には、内科、外科、産婦人科、精神科などの医者が在籍していた。

ずいぶん遠回りして三〇歳代で医者になった私は、医学部入学時から精神科医になり精神科病院に勤め、統合失調症の患者の治療に専心したいと考えていた。卒業した大学の付属病院で研修医をやり、大学医局からの派遣で広大な土地と緑に囲まれた精神科病院に常勤医として勤務をしたところまでは計画通りだった。しかし残念なことに、私はこの精神科病院に長く勤めることができず、失意とともに友人の誘いを受けて医療少年院に移ることにした。週に三日の勤務と月数回の当直が義務で、あとは研究日。外来もないので時間のゆとりがある。何より魅力的だったのは、数年勤めたら海外に留学させてもらえるという話だった。こうした約束は次々反古にされていくのだが、そのことをこれ以上書くと愚痴になってしまう。

本書ではごくありふれた精神科医である私が、ひょんなことから紛れ込んだ少年院や刑務所で経験したことを書いていきたい。

医療少年院に出勤した初日に朝礼があった。院長が簡単な挨拶をして私を職員に紹介した。私も挨拶をしたが、何をしゃべったのかは覚えていない。通り一遍のことを話したに違いない。強烈な印象を受けた出来事は、その朝礼終了後に起こった。私が会議室を出て医局に戻ろうとしているところに、恰幅のいい三〇歳ぐらいの制服を着た男性がやってきて「ここは少年院で、病院ではありませんから」と言ったのである。語りかけるというより言い放つというニュアンスの方がぴったりくる話し方だった。「鳩が豆鉄砲を食らう」という言葉があるが、そのときの私はそんな表情をしていたのではないかと思う。その男性（以下、教官A）はさらに「ここでは医療の前に少年の矯正があるんです」と続けた。教官Aと私はしばらく横並びに歩いて、医局と彼が所属する男子寮の岐路で別れた。おそらく私は黙って無表情のまま歩いていたのだと思う。なんとなく不快ではあったが、そもそも何が起きているのかがわからなかった。

どういうことが問題になるのかは、数日後すぐに理解できるようになった。新しく赴任した私に担当の患者（少年少女）が割り振られるようになった。そのうちの一人の少年の様子がおかしくて隔離室に収容したから様子を見てくれという電話がかかってきた。こういう電話は、精神科病院に勤務していたころにもしばしば受けて対応していたから慣れてはいた。急いで駆けつけると、一人の少年が八畳ぐらいの広さの隔離室の中央に呆然と立ち尽くしていた。法務教官が声をかけてもまったく反応しない。経緯を聞くと、運動中に態度が悪いので指導したら急に動かなくなってしまったのだという。自分の部屋に戻して休ませようとしたが、様子がおかしいのでやむなく隔離したらしい。（ちなみに当時の医療少年院には、医師の指示により収容する部屋と法務教官が指導上の必要から収容できる部屋があった）

私が中に入って話がしたいというと、それはダメだと拒否された。もう少し人数を集めないと規則上許されないということらしい。しばらく待っていると、初日の朝礼後に私に先制攻撃を食らわせた教官Aを含む数名がやってきた。そこで私たちは部屋に入って少年と対話を試みた。ぽつりぽつりと言葉をかけたが、やはり反応しない。精神科医であれば、これはまずは精神病性の昏迷状態を疑うだろう。つまり背景になんらかの精神病性の疾患があって、こうした状態になっている可能性を考える。私はどういう言葉をかけたものか、どういう処置がいいのだろうか、などを考えていた。するとやおら「しっかりしろ」「逃げるんじゃない」という大きな声が背後から響いた。教官Aの声だった。さすがにこれを制して待ってもらっていると少年は疲れてきたのか、その場にへたり込むように倒れしくしく泣きはじめた。こういう病態は精神科病院では診たことがなかった。血圧や体温などのバイタルサインに問題はなかったので、そのままにして部屋を出ることにした。するとそこに教官Aが腕組みしてにこにこしながら立っていた。「あれは逃げているだけですよ」と自慢げに言う。逃げているには相違ないが、「逃げるな」といって治るほど単純でもないだろう、と考えていると「甘やかさないでくださいよ」と畳みかけるように強い口調の言葉がきた。これから先、自分が相手をするのは少年少女なのか、こういう教官たちなのか、どちらなのだろうかという考えが浮かび、頭がくらくらする感じがした。

その少年は覚せい剤乱用後遺症という診断で医療少年院に来ていた。すでに一九歳か二〇歳になっていたように思う。いずれにせよ少年院の中では年長だった。少年院には三回目の入院だった。一〇代後半の多くの時間を少年院で過ごしたことになる。

覚せい剤乱用後遺症というのは、覚せい剤を乱用した後で、幻覚をはじめとする多彩な精神症状が長期にわたって残存する場合に用いられる診断名である。少年院や刑務所では頻繁に目にするが、一般の医療施設ではめったにお目にかからない。この少年は小学生時代からシンナー（有機溶剤）を乱用し、やがて覚せい剤乱用に「出世」していくという、よくある経過をたどっていた。恵まれない家庭に育ち、すでに両親とは交流がなく、少年院出院後は仕事をしていた会社の社長が身元引受人になっていた。快活な性格で、少年院のことをよく知っており、厳しい法務教官の指示にはきちんと従う反面、医者の私などにはしばしば軽口をたたいた。

医療少年院では日課の一部として、しばしばスポーツが行われていた。私は運動が好きだったので、時間があると少年たちとの交友を深めるという名目で球技に混ぜてもらっていた。仕事をしながら好きなソフトボールやバスケットボールができるのは嬉しいことだったし、面接室以外の場で少年たちと触れ合うことは、治療的な意味もあると感じていた。一石二鳥である。法務教官たちも、医者がこういう形で少年たちと交わることを歓迎してくれた。

そのとき、その少年はソフトボールで三塁を守っていた。確か何人か出塁していてチャンスで私に打順が回ってきた。私は打席に入りながら、三塁を守っている彼をみて「そっちに打つから捕るなよ」と冗談をいった。それに対して彼は「あー、そんなこと言うんだ」「それなら騒いでやる、今度当直のときに騒いでやる」「幻覚が見えるって騒いでやる」と応えた。私は苦笑していったん打席を外した。彼はいたずらっぽい表情をして笑っていた。

当直は医者にとって気が重い仕事である。いろいろな事態にしばしば一人で対応しなければならないだけでなく、多くの場合、一日の仕事を終えて当直に入り、翌日そのまま勤務して夕方まで働くので身体的にも精神的にもきつい。また、少年院や刑務所での当直では、病院での当直とは違う疲労感を感じていた。ごく軽い拘禁反応だと思うのだが、どうしても閉じ込められている感覚がついて離れなかったのである。とはいえ、医療少年院は若者ばかりであり、医療という名前はついていてはいても重症の身体疾患の少年少女はまずいなかったので、たいていは起こされずひと晩を過ごせることも多かった。そういう前提で勤務しているのに真夜中に起きるのはかなりつらい。まして意図的に起こされたのではたまらない。彼の言葉は、そういう医者の足元を見透かすような発言だった。

ふりかえって考えてみれば、そもそも彼の覚せい剤乱用後遺症の症状自体が、実は疑問符のつくものだったかもしれない。医療少年院も少年院である以上、相応の規律があり厳しい矯正教育が行われるのだが、それでも一般の少年院に比べれば医療的要素が取り込まれている。誤解を恐れずに言えば、収容される少年少女にとっては「楽な」施設であろう。すでに少年院に繰り返し入っている少年が、そのあたりの事情をよく知っていたとしても不思議ではない。覚せい剤乱用の後遺症にあてはまる症状を演技して医者や心理技官をだますことなど容易だろう。私は内心うなった。不思議と腹はたたず、その少年の逞しさに感心した。その逞しさを社会生活で役立てて欲しいものだと思った。数カ月後、私は彼の覚せい剤乱用後遺症が治った旨の診断書を書き、本人も納得して一般少年院に戻っていった。少年院を出てから地元に帰ったということはわかっているが、その後どうしているかは知らない。ただ「そんなこと言うなら騒いでやる」という言葉は、今もなぜか頭に残っている。

私が医療少年院に勤務していた一九九〇年代には、覚せい剤の乱用で少年院送致されていた少年少女がずいぶん大勢いた。覚せい剤による精神症状を呈した患者を精神科病院勤務時代にもそれなりに診察したことはあった。ただし、それは覚せい剤を使用したあとで急性精神病状態になって措置入院や医療保護入院になった患者であって、数日から一週間程度で急性症状が治まるので、精神科病院はそこで退院にしていた。ごく少数の患者は統合失調症との合併がみられたし、長期にわたる使用のため覚せい剤による精神症状が慢性化してしまっており、入院期間が長期化する人もいたが、人多数は覚せい剤が抜けてしまえば精神科病院に入院している理由がなくなった。もちろん薬物依存という病気は何も解決せずそのまま残っているわけだが、当時の自分は薬物依存の治療、とりわけ非合法薬物の依存の治療は専門施設でやることだと考えていた。また、措置入院や精神科救急のシステムで入院するケースは、私が勤務していた病院が当番のときに振り分けられてくるので、退院後は遠方の自宅に帰っていくことがほとんどであった。

医療少年院に覚せい剤乱用で収容されているのは圧倒的多数が女子であった。勤めはじめたころ、精神症状の出しやすさや依存の形成に性差があるのかどうか疑問に思い教官に尋ねたことがある。「シャブは高いので男は手に入れるのが大変なんですよ」「家に自由にできるお金があるか、売人をやらないといけない」「その点、女の子は売春をすればすぐシャブが買える」「本人は自分からやっているつもりでも、実は作られた依存もありますよ」「だから少年院に覚せい剤で入るのは女性が多くなるだけです」とその教官はきわめてわかりやすく説明してくれた。なるほどそうか、と納得した。

医療少年院で会う覚せい剤乱用の少年少女も警察に留置され、少年鑑別所での四週間（当時）を経てやってくるので大多数は急性期の強い精神症状は認めないことが多い。話題はどうして覚せい剤を使ってしまうのか等に発展していく。少女らは覚せい剤使用という違法行為を行ったので少年院という法務省の施設に強制収容されてきたのであり、私はその施設に勤める医者である。病院で患者と会うのとは、おのずから医者－患者関係が違ってきて当然である。私は臨床の勉強を始めた初期に患者（クライエント）に助言・指示などを基本的に行わないロジャーズ派のクライエント中心療法を学んだせいか、患者に指示や教訓めいたことを言うことに抵抗があり、また言っても仕方ないと思っている。それにふりかえるとそれまで覚せい剤乱用で入院した患者を結構な数診察していたのに、こういう話を聞いたことがないことに気づいたので少女らの話を聞くようにした。

私が黙って聞いていると、少女たちはシャブ（覚せい剤）がいかに気持ちいいものかをとうとうと語ってくれた。「打った瞬間からふわっと気分がよくなる」「身体に元気がみなぎる感じがする」「特に覚せい剤を打ってセックスをすると何倍も感じてやみつきになる」等々。たまりかねて陪席している女性看護師が注意することもあったが、こういうのが本音なのだろうと感じた。「覚せい剤やった気持ちよさを知らない人にいろいろ言われたくないんだよね」と言われると、それも一理あるかもしれないと思ったりした。何人もが私も覚せい剤を試すように勧めた。「私のような立場にいる人間が法律破って覚せい剤を使えるわけないよ」と言うとそれは納得したが、聞きもしないのにどうすれば入手できるのかを熱心に教えてくれる少女もいた。真剣に覚せい剤をやめたいと語る少女はいなかった。法務教官から指導されれば反省してもうやりませんというのだろうが、そしてそうした指導が無意味だとは思わないが、少年院に入っただけでやめなければならないと考えるようにはならないようだった。

余談だが、私は少女たちから覚せい剤を使ったときの様子を聞きながら、私の恩師の一人から聞いたLSD体験談を思い出していた。LSDは、現在は麻薬として使用が禁止されているが一九七〇年までは合法であった。そこで好奇心のある医者たちの中には、幻覚を誘発することが知られていたこの物質を試した人たちが結構いたそうである。恩師にはほとんど幻覚が出現しなかったそうだが、かなり混乱した人もいたらしい。「幻覚などが出現するかどうかは個人差が大きいのだ」とのことだった。これは覚せい剤にも当てはまるようで、長期間大量に乱用すれば精神症状が出現するリスクは高まるが、平気な人は平気である。その一方で、一回の乱用で強い精神症状を体験する人もいる。LSD体験談でもう一つ興味深かったのは、使用するときの付き添いの話である。LSD使用後、万一自分が精神的に混乱した場合に備えて、みな誰かにそばにいてもらっていたのだが、「誰に頼むかで、そいつが誰を医者として信用しているかがわかるんだよ」と恩師は笑いながら話していた。それはそうだろうなと思い、自分なら誰に頼むだろうかと思いを巡らせていた。

ひどい虐待を受けて育ったある少女は、一〇代半ばで覚せい剤を使うようになり、覚せい剤乱用後遺症の診断で医療少年院にきていた。端正な顔立ちで、どこか芯のある性格をしていた。あるとき、その少女が真顔で私にこう話したことがある。「覚せい剤はやめられそうにない」「すごく好きな人がいて呼ばれていても、横に覚せい剤持ってる人がいて、こっちに来いよと言われたら、私はそっちに行ってしまうと思う」。なんとも率直な感情の吐露であった。私はこれが本当のところなのだろうなと思った。同時に、これだけ正直に自分が依存していることを医者に話せる少女は、むしろどこかで覚せい剤から離れられる可能性があるのかもしれないと感じた。

その少年はシンナーを乱用して少年院に送致された。田舎の裕福な家庭に育った少年だった。ひどく内気な性格をしていた。大柄だが色白で、いかにも気の弱そうな印象を与える少年だった。この少年がなぜ少年院に来ることになったのか不思議に思えた。

少年は地方の名家に生まれたが早くに両親を事故で亡くした。祖父母の躾は厳しかったらしい。その少年がシンナーを使ったのは、好奇心のためでも快感を得るためでも何かへの反抗のためでもなく、不良グループに目をつけられて断れず言いなりになってのことであった。

家庭裁判所がこの非行性に乏しい少年に少年院送致の審判を下したのは、おそらくは地元の不良集団から切り離すことが必要だと考えたからであろう。つまり保護するために少年院に収容されたのである。成人を対象とする刑法では、保護するために刑務所に入所させることはありえないが、少年法の理念からすればこういう決定がありえるわけである。しかし、この気弱な少年にとって、少年院は怖い人たちの集まる場所であった。制服を着た法務教官にも恐怖心を抱いていたかもしれない。家裁の裁判官の思惑に反して、少年は怯えてしまい自分の部屋から出ようとしなかった。

この少年はとにかく集団の中にいられなかった。法務教官が一緒についていても怯えていて体操すら一緒にできない。教官があの手この手で外に出そうとするのだが、てこでも動かないという様子で自室から出ようとしない。その表情が緊張に満ちていて涙も浮かべているので、教官たちもさすがにこれは無理強いできないと感じたらしい。これは仕方ないと寛大な態度で接するとともに、医者になんとかしてくれと要求するようになった。たまたまこの少年の担当医になった私は、この極端な逃避ぶりを見て、シンナーの影響等も考えてみたが、窓枠越しに対話するときちんと会話できるし、何か特定の精神障害の診断がつくわけでもない。シンナーの影響もあるかもしれないが、乱用の後遺症を疑わせる他の症状はなかった。結局、これは単純に怯えているだけなので、要は少しずつ慣れてもらうしかないとの結論に達した。

そこで私は時間を見つけて少年を部屋から連れ出し、他の少年がいないときに庭でキャッチボールをしたり、体育館でバスケットボールをしたりするようにした。先にも触れたが、私は子どものころから野球少年で、高校の途中である事情でやめるまで、かなり熱心に野球をやっていた。精神科医の仕事をしながらキャッチボールができるのは、私にとって嬉しいことであり、少年もこの提案にはのってくれた。こうやって少しずつ刺激に暴露していけば、多少の変化が期待できるかもしれないと思っていた。

もっとも少年院では、医者が少年と二人だけで面接したり庭を散歩したりするのは規則上許されていなかった。そこで手のあいている法務教官に付き添いを頼まなければいけない。これが結構厄介で、忙しい教官たちに頼んで時間をつくってもらうのに苦労することもあった。多くの教官は、庭にくると私と少年がキャッチボールしたり相互にノックしたりするのをぼんやり眺めていた。一息入れる時間でもあったのだろう。あるとき、教官Ａが付き添い当番だった。私はなんとなく嫌な予感がしたが、案の定、教官Aは「先生、一緒にやりましょう」と言ってきた。はじめは彼が私や少年のノックを受けた。そして、やおらバットを手に取ると「先生、ノックしますから捕ってください」と言ってくる。ますます嫌な予感がしたが、内心野球には多少自信があったので受けてたとうと構えた。教官Aは私の予想を超えてノックが上手だった。その体格やふだん少年たちとトレーニングしている様子を見ていて運動が得意なのだろうとは思っていたが、彼のノックは私が捕れるか捕れないかギリギリのところに的確に球がやってくる。私は左右に振られて、たかだか十数球で参ってしまった。これほどうまいノックを受けた経験はなかった。ぐったりきて息を弾ませ動けなくなった私をみて、教官Aは「こんなもんですか」と言い、その少年は「はははは……」と笑った。後にも先にも、この少年が声を出して笑ったのを見たのはこの一回だけだった。後に知ったことだが、私より一〇歳は若い教官Aは某体育大学の野球部出身だった。野球少年だったとはいえ、公立高校野球部中退の私とは資質も鍛え方も違った。それにしてもこうしてふりかえってみると教官Aと私はなんと大人気ないやりとりをしていたのだろうか。あれからずいぶん時間がたつが、グランドにへたりこんで眺めた青い空と少年が「はははは」と笑った顔をまだよく覚えている。

この少年とはその後も二人で運動したり話したりを続けたが、結局満足に集団活動できないまま地元に帰っていった。途中、何回か一部の短気な教官が強硬手段に出て、無理やり集団生活に入らせようとしたが、あまりこわばった表情をしてしり込みするため諦めざるをえなかった。この少年が地元に帰るとき、いったん地元の少年鑑別所に数日滞在することになったが、もし帰路の電車で大パニックを起こしたら困ると言われ、私も少年の田舎に付き添っていった。二人の教官と少年と私の四人で長時間電車に揺られて帰った。少年は終始こわばった表情をしていたが、それでも家に帰れるのは嬉しいとのことだった。

職業柄、ひきこもりの人や対人恐怖・社交不安障害の患者との接点は多いが、この少年ほど強く人間関係を恐怖した例はあまり経験がない。おそらくは少年院でだけではなく学校でもビクビクして過ごしていたのであろう。それがまたシンナーを強要される恰好の標的になってしまったのだろう。一方で、この少年がシンナーを何回か使ったのは、単に強要されてだけのことではないかもしれないとも思う。シンナーは極度に内気な彼にとっては自己治療の意味合いもあったのかもしれない。シンナーについて質問しても、彼はこわばった表情をして何も答えなかったが、シンナーを使うといつもとは違う自分を経験できていたのかもしれない。

この少年はこんな具合だったので、私は面接の時間を延ばしたり回数を増やしたりという特別な対応をせざるをえなかった。これに対して一部の法務教官から批判があった。公平でないといけないというのである。病状によって柔軟な対応をするのは医学の常識だと思うが、矯正教育の立場からするとまず公平性が必要だというのである。事実、教官Aは何かというと「それでは不公平です」「他の少年が納得しません」という発言をした。これにはずいぶん悩まされたが、この少年への対応の過程で私は一人の幹部職員（幹部B）と仲よくなった。この人も法務教官だったが、柔軟で懐の広い人だった。先にも書いたが、私がこの少年と面接したり庭を散歩したりするためには法務教官の付き添いが必要だった。忙しい教官に付き添ってもらうのにずいぶん苦労したが、幹部Bは積極的に時間を作ってくれた。こういう人もいるんだなと感心した。そして、幹部Bと私が親しくなったことは思わぬ波及効果をもたらした。部下たち、つまり現場の法務教官たちが私の意見を受け入れるようになったのである。私はそれを意図したわけではないが、組織というのはこういうものかと改めて学んだ。その中にあって、教官Aは私に対する態度を一切変えなかった。立派と言えば立派である。余談だが、数年務めるうち、教官Aとは個人的に親しくなり、一緒に食事をすることもあった。私とは考え方の違いがあったが、職務に忠実な人であったことは疑う余地がない。

ある日、私が幹部Bの部屋を訪ねると外線電話がかかってきていた。やりとりから察するに、外部の精神科医かららしい。幹部Bはしきりに「私どもでは決められないので法務省矯正局と相談してください」といった趣旨のことを話している。電話が終わってその内容を聞くと、要するにある高名な精神科医が新聞などで大きく報道された事件の少年の治療を手伝いたいと希望しているとのことだった。私はにわかに信じられず、その電話が本当に本人からかどうかわからないのではないかと言った。幹部Bは「確かにそうだね」と言いつつ、「しかしこの手の電話は実は多いんだよ」とこぼした。弁護士からも有名な事件の弁護をやりたいという申し出が多いとのことだった。それも無料でやるとの申し出が多いとのことだった。それは少年事件に対する熱意や好意なのかと聞くと、幹部は少し渋い顔をして「それもあるかもしれないが売名もあるよ」と応じた。有名な少年事件の弁護をやると名が売れるからだという。「テレビに出られることもあるし」という。そんなこともあるのか、と私は意外な気がした。また、自分たちがそれなりに苦労して治療している少年たちを商売の対象にしているようで少し不快な気分になった。しかし、考えてみれば、マスコミの報道は興味半分のものが少なくない。似たようなものかもしれない。好き好んでこういう仕事をしている自分たちも同じかもしれないとも思った。

有名な事件を起こした少年少女の治療や矯正教育には、内部の職員の中にも特別な熱意を持つ人たちがいた。ある意味で献身的に治療や教育にかかわるのだが、その根底に野心のようなものが垣間見られてあまり愉快でないこともあった。「自分こそが治してあげる」「自分こそが矯正できる」といった野心と意気込みである。こういう事態になると例外なく職員間にすれ違いが起きる。少年少女はみな一人ひとり違うので個別的な対応が必要で、とにかく例外は認めないという態度は間違いだが、といってあからさまな特別扱いは禁忌である。しかもそれが医者や法務教官の治療的野心と結びついていると始末に悪い。そうした例をずいぶん見てきたと思う。中井久夫氏によれば、精神科医サリヴァンは「生活のために働く者が一番よい医師である」という趣旨のことを語ったそうだが、つくづくその通りだと思う。野心や名誉欲はもちろんのこと、「世のため人のため」「不幸な生い立ちの子どもたちのため」といった理念や正義感が強すぎるとあまりいい結果を生まない。自分の生活のため淡々と働くのがよい精神科医なのである。

不幸な少年少女がいて、それを取り巻く大人たちのさまざまな思惑がある。私が医療少年院に勤めていたころも今もそのことに変わりはないだろう。もちろん少年院だけのことではない。

こうした少年少女たちや職員とのかかわりから、私の医療少年院での医者としての生活が始まった。ここでは物質乱用にまつわる事例だけを書いたが、他にもさまざまな精神障害の少年少女がいた。精神科病院で挫折し、腰かけのつもりで就職した矯正施設にその後も長くかかわることになろうとは当時は想像もしていなかった。その後、私は少年院だけでなく成人の施設（刑務所と拘置所）でも精神科医として働くことになった。

虐待が奪いゆくもの

医療少年院に当直していたある晩、私は女子寮からの電話で起こされた。私が担当している少女が落ち着かないので来てくれという。急いで女子寮に行くと、その少女が大声をあげながら、自室で物を投げ、ふとんやシーツを破ってしまったという。少女は隔離室に収容されていた。「ほら先生がきたよ」と女性教官が声をかけると、少女は素直に指示に従って部屋の真ん中に座った。部屋に入って言葉をかけると、ひどく興奮している様子ではなかったが硬い表情をして涙を浮かべていた。

その少女は医療少年院を出院する日が近づいていた。早く家に帰りたいと言っていたが、残りがひと月を切ったころから明らかに精神的に不安定になっていた。その一七歳の少女にとって、出院して家に帰るのは楽しみであると同時に不安であるのが当然だと私たちは考えていた。

深夜にあれこれやりとりするのはやめ、落ち着いた頃合いを見計らって、明日また話す約束をして退室した。翌日、話してわかったのは、同居していた義兄から毎日のように性的虐待を受けていたこと、これまで誰にもそれを話していなかったこと、などであった。少女は近ごろ、夜になると当時の光景が頭に浮かんできて、いてもたってもいられない気分になるのだという。性的虐待の様子が生々しく語られたが、聞いていて頭がくらくらして気分が悪くなった。そのときの感情をどう表現したらいいのか、今でもわからない。怒り、憤り、驚き、悲しみ、同情、嫌悪感、立ち去りたい気分、いろいろな感情が入り混じっていたのだと思う。そして、目の前にいる少女が、そうした仕打ちをうけたにもかかわらず、よくこれだけの健康さを保って私の前にいるな、とも感じた。

義兄からの被虐待歴が明らかになり、少女は実家に帰らず、児童養護施設に行くことになった。児童養護施設は通常一八歳までの子どもが対象になるので年齢を考えるとぎりぎりの措置だったが、家庭裁判所や児童相談所も義兄がいる家庭に帰すわけにはいかないと判断したのだろう。本人はこの決定を不満として、それでも実家に帰りたいと言った。

この少女の両親は早くに離婚した。少女は母親に引き取られたが、母親は児童相談所から養育能力がないと判断され、一時期児童養護施設に措置されていた。その後、母親の元に戻ったが、十分な世話を受けていたとはいえないようだった。母親はやがて再婚し、義父と義兄との四人家族の生活が始まった。新しい夫はほとんど家におらず、しかしきちんと働かず生活は不安定なままだった。小学生のころから、食事を満足に作ってもらえず、いくらかの金銭を与えられ近くの店で何か買って食べるという毎日だった。義兄の性虐待は小学校低学年のときには始まったらしい。母親は見て見ぬふりをしていたという。少女は一〇代の半ばから繁華街に出入りするようになり、やがて風俗店で働くようになった。彼女にとって、義兄の虐待から逃れる唯一の方法であっただろう。頼れる親戚はおらず、学校にも相談できる相手はいなかった。何回か警察に保護されたのち、少年鑑別所を経て医療少年院に送致されてきた。喜怒哀楽が激しく、双極性障害が疑われていた。

人懐こい少女で診察ではよく話した。将来の夢、好きなタレント、寮生活の不満などが主な話題だった。法務教官たちは、この少女がしばしば決まりを守れず、指導に反発することを心配していた。気分が不安定でかんしゃくを起こすことが多かった。ただ、大きな逸脱はなく時間が過ぎてゆき、出院後のことが話題になる時期が来た。多くの子どもたちと同様に、少女は親元に帰ることを望んだ。どんなにひどい虐待を受けてきても、大多数の子どもたちは親元に帰ることを望む。帰るとまた虐待や諍いが待っているだろうと思うのだが、これは理屈を超えた何かが働いているとしか言いようがない。まれに親元には帰りたくないとはっきり主張する少年少女がいるが、彼ら彼女らは精神的な健康度が高い人たちである。家族はしばしば蟻地獄のようなもので、もがけばもがくほど呑み込まれていく。

少女が家庭で適切な養育を受けずに育ってきたことはあらかじめわかっていた。しかし、義兄からの性虐待については何も語られていなかった。家庭裁判所の記録にも、少年鑑別所の記録にも、まったく記載がなかった。医療少年院を出院する間際になって初めて話したようだった。

少女と担当医であった私の関係は良好に思えていた。もっともっといろいろ聞いてみることができたのかもしれないとも思う。ただ、虐待について聴くのは難しい。あえて触れないほうがいいことも多いだろう。人には治療者にも話したくないことがあって当然であり、内面まで踏み込むのがいいとは言えない。しかし、出院まで時間があるうちに私から聞いていれば、また違う展開がありえたのかもしれない。どこまでいっても結論が出ない問いではある。

ただはっきりしているのは、この少女の外傷体験(トラウマ)は、ほかの少年少女もだが、なんとか療法といった精神療法の彼方にあるということである。外傷体験による精神症状の治療法として体系化された技法がいくつかあり、それらは相応の効果があるものと思われる。しかし、この少女のように、幼いころから重ねて虐待を受けてきた人を対象とする場合、そうした体系化された精神療法は無力であるか、効果はあってもきわめて限定的である。必要なのは安定した衣食住を提供すること、根気よく支えつづけることである。言葉を変えれば、狭義の精神医学にできることはごくごく限られている。医療少年院に勤めてしばらくたったころ、私にはそういう確信が芽生えていた。精神科医としてはある意味で自己否定的な確信ではあったが、視野が広がったと言えなくもないだろう。

結局、十分な気持ちの整理がつかないまま少女は出院した。数カ月後、少女が措置された児童養護施設から逃走したという噂を聞いた。

私が医療少年院に勤めて強い衝撃を受けたことの一つは、多くの非行少年少女たちが受けてきた虐待のひどさだった。記録を読んでいると気分が悪くなってくるのである。人間はたいていのことには慣れるので、私もやがて強い感情を少しずつ失っていったが、初めて医療少年院の少年少女の記録に接したころの感覚はまだ残っている。

ふりかえれば、一九八〇年代当時には児童虐待を専門にする精神科医はまだ数が少なかった。実地で臨床をやっている人たちはいたのだろうが、学会で取り上げられることも、書籍のような形で発信されることも少なかったように思う。一九九〇年代だったと思うが、ある精神科医が「日本には虐待がないと言った精神科医がいるが、そんなことはない」という怒りの一文を書いていたのを読んだ覚えがある。日本に虐待がないという発言がもし本当にあったならさすがに呑気すぎたが、日本の精神医学が虐待に関心を持ったのはそう早い時期ではなかったとは言えるだろう。最近は、児童虐待を疑う児童相談所への通報数が急増していることが、繰り返し報道されている。また虐待により亡くなった子どもについて、詳細な報道がされるようになった。関心を持つ精神科医や心理士も増えていることと思う。ただ、この領域を専門にしている臨床家はまだまだ少ない。虐待を受けた少年少女とかかわる仕事は、決して楽ではないのである。

私が哲学科の学生から臨床心理学、さらには精神医学に転じたのはいろいろな理由や偶然が複合してのことだが、『ローラ、叫んでごらん』という本をたまたま読んだことも影響を与えていた。精神を病んだ両親に育てられたローラは一歳のときに「うるさいから」という理由で、フライパンで焼かれるという酷い虐待を受けた。著者のリチャード・ダンブロジオは貧しいイタリア系移民の家に生まれたという。十分な教育を受けられず、小学生時代は知的障害のクラスに入れられていたが、ある熱心な教師のおかげで才能を開花させ精神分析医になった。ダンブロジオは経済的な豊かさを求めてはいたが、修道女たちからの求めを断り切れず、金銭的に見合わないローラの治療を始める。ローラは当初すべてに怯え、心を閉ざしていたが、やがてダンブロジオの治療の効果もあって健やかに成長していくというストーリーである。この本は一九七〇年代から今も読み継がれているようだ。

医療少年院で少年少女に接している時期、私はなぜか『ローラ、叫んでごらん』のことをまったく思い出さなかった。これはとても不思議な気がする。そしてこの本を書くにあたって過去を回想するうち、『ローラ、叫んでごらん』を徹夜して読み、「精神療法の勉強をしよう」と決心した瞬間を鮮やかに思い出した。哲学の勉強に行き詰まっていた自分の方向性が見えた気がした瞬間だった。その後、長い学生生活を経て精神科医になったときには、この本の記憶は薄れていたのだが、結果的にこういう領域に戻ってきたのは何かの縁があったのだろうと感じる。

もっとも、この本の内容については、読んだ当初からやや疑問を感じる部分などがあったのも事実である。哲学科の学生であった当時でさえ、実際の治療はこの本のようになめらかに進まないことの方が多いのではないかと感じた。この予想は、その後いろいろな形で的中することになった。また、同書では、ローラは整形外科と形成外科の手術のおかげで美しい女性になっていく。しかし、ひどい火傷や脊椎の歪みが跡形もなく治療できるのか、というのが素朴な疑問だった。ダンブロジオの名前はその後、一冊の翻訳書が出た以外はまったく目にしないし、この本はフィクションではないかという意見もある。私もフィクションの部分が少なからずあるのではないかと感じている。ただ、この本に登場する人たち、ローラ、精神科医ダンブロジオ、修道女たち、ローラの両親、学校の教師たちの姿はとてもリアルで、これがまったくのフィクションだとは思えない。虐待を受けた少女が回復していく過程が生き生きと記述されているし、何よりここに登場する修道女たちの描き方が秀逸だと感じる。私は、医療少年院を退職後、いろいろな形で少年非行や児童養護に関する仕事に関係する機会があったが、福祉関係者の中には、この修道女たちに通じる逞しさを持っている人たちがいて、敬服させられることがあった。

その少年は幼児わいせつを重ねて医療少年院に送致されてきた。家庭裁判所や少年鑑別所の記録を読むと、この少年が子どもたちに強いた行為はひどいものだった。少年は公園で遊んでいる幼女たちを人気のない場所に連れて行き、わいせつな行為を強制していた。面接前に読んだ記録からは、凶悪な少年像が浮かんできた。実際に会ってみると、小柄で痩せた線の細い気の弱そうな少年だった。その少年はすぐに泣いた。法務教官に指導されては泣き、運動がきついと言っては泣き、同年輩の少年たちにからかわれては泣いた。

少年が育った家庭環境は悲惨なものだった。父親はアルコール症だったらしい。酔っては妻と息子に暴力を振るった。幼い少年の前で妻、つまり少年の母親を殴り、また性行為を強いた。父親は少年にそれを見せて楽しんでいたらしかった。当然のことながら一家は経済的にも困窮していた。食事を満足に取れないこともしばしばだった。少年は小学校低学年から不登校になった。形だけは中学を卒業しているが、実質的にはほとんど学校に行っていないようだった。中学時代、少年には行くところがなかった。何をしていたのか尋ねたが、よく思い出せないとのことだった。少年が小学校の高学年のころ、母親は一人で家を出て、少年は置き去りにされた。少年にとって地獄のような日々が続いた。暴力に怯える毎日だった。はっきりとは語らなかったが、少年も実父から性被害にあっていたようである。だが少年には家を出る力がなかった。そうした状況の中で、少年は公園で幼い子どもに性加害を行うようになった。

少年はまた知的能力がやや劣るように思われた。会話していて、こちらの話していることが理解されているのかどうかおぼつかなく感じることがしばしばあったし、少年の話が要領を得ずわかりにくいことも多かった。少年鑑別所で行われた知能検査の数値は、知的障害と診断する基準よりは上であったが、平均をかなり下回っていた。これが少年の生来の能力なのか、過酷な環境で生育してきたことが強く影響していたのか、それは判断できない。ただ、知的能力が劣ることが、少年が生きていくうえでマイナスに働いていることは疑う余地がなかった。

私は正直なところ、担当医として何をどうしたらよいのかわからなかった。毎週、相応の時間をかけて話を聞いたが、何かが深まっていく感触に乏しかった。少年院の集団生活に適応するのにも苦労しているように見えた。血気盛んな非行少年も多いし、熱血法務教官もいる。少年はそうした人たちと接するとたちまち緊張して顔がこわばり、身動きがとれなくなった。生活上で何か失敗をすると、少年はしばしば見えすいた嘘をついた。嘘をつくことに抵抗を感じていないようで、それがまた相手を苛立たせた。少年が同世代の子どもと対等な関係を作るのは相当難しいだろうと思われた。私が出した結論はありきたりだが、少年に安心感を与えるというものだった。幸い、医療少年院の環境は一般少年院よりは保護的だった。衣食住が保証される環境の中で、少年の身体は成長した。身長が伸び体重も増えた。だが、家庭裁判所から与えられていた時間は一年間しかなかった。この少年の中に何かを育むのに、一年はあまりにも短い時間だった。

他の少年よりやや長い期間在院したが、少年はやがて医療少年院から自宅に戻った。父親が引き取りの意向を示していたらしく、少年もまた自宅に戻ることを望んだ。他の選択肢は思い浮かびようがなかっただろう。前途は多難に思えた。再犯のリスクもあるように思われた。

近年、矯正施設内にいるうちから精神障害や知的障害の被収容者が精神障害者福祉手帳や療育手帳を取得する手続きをして、社会に戻ったのちに医療や福祉の支援を受けやすくする試みが行われるようになった（出口支援）。被収容者の社会適応を支え、再犯を防ぐために有効な手段だと思う。少なくとも試みる価値のある取り組みである。当時はそうした試みはまだ行われていなかった。私は収容の終盤の時期に、家に戻ったら精神科や心療内科を受診するよう繰り返し勧め、紹介状を手渡したが、一方でこの少年が受診する可能性はきわめて低いだろうと感じていた。医療少年院を出た後、この少年がどうしているかを知らない。一度だけ、少年院に少年から電話があって、「死にたい」と泣いていたという噂を聞いたことがある。電話を受けた職員は「とにかく一回会いに来い」と言ったそうだが、その後相談に来たという話は耳にしなかった。

法務省法務総合研究所の調査によれば、少年鑑別所や少年院に収容されている少年少女の過半数は虐待を受けて育っている。虐待にはさまざまな程度があり、どこまでが不適切だが虐待とまでは言えない養育で、どこからが虐待と言えるのか線引きは難しい。不適切な養育をすべて虐待とする考えもあるが、何を不適切とするかを決めるのも難しい。虐待を受けた少年がすべて非行に走るわけではもちろんないが、私自身の臨床経験では、過半数というより大多数の非行少年少女は過酷な家庭環境で生育している。医療少年院で担当した少年少女たちのほとんどは、議論の余地のないひどい虐待を受けてきていた。

虐待を受けた子どもたちが非行に走るのはどういう理由によるのだろうか。これにはいろいろな説があるが、乳幼児期に養育者との安定した関係の中で育まれる安心感や信頼感がもてなければ、安定したパーソナリティが形成されず、その能力を十分に開花できず、社会適応がうまくいかなくなる可能性が高まるのは自明と言えば自明である。

強い不安・恐怖・緊張などを感じた場合、人間が示す反応は大別して三方向である。一つは不安や緊張をそのまま体験することである。不安が強すぎるか、長期間続くか、あるいはその人になんらかの脆弱性があれば、その人の気質や体質との関連で、抑うつ・恐怖・不安緊張・強迫などのさまざまな精神症状を呈することになる。二つめの方向は、不安や緊張などが身体症状に転換（身体化）されて表現されることである。動悸・発汗・便秘や下痢・めまいなどの自律神経症状から、立てない・歩けない・話せないなどの多彩な身体症状までありうる。いわゆる心身症、最近の表現だと身体表現性障害や転換性障害がこれにあたる。三つめは不安や緊張などが行動面に表出されることで、これはさらになんらかの非適応的な行動として示される場合とひきこもりという形で表現をされる場合とがある。前者はギャンブル・アルコール症・食行動の異常・さまざまな逸脱行動などとして示される。非行はこうした行動化の表れとして理解することができるだろう。このように考えていくと、少年非行は虐待された少年少女が示す一連の不適応反応の一部（行動化）として理解することが可能になる。

非行は不適切な学習の結果だとする考え方もある。適切な養育を受けなければ、そもそも適切な対人関係の持ち方を学んでいないので適切な人間関係を築けない。意見が対立したら、最後は腕力で決着をつけるという文化の中で育てば、自信があれば腕力にものを言わせようとするのは自然な成り行きである。暴力で物事に決着をつけることや、弱いものを暴力で服従させるのは「悪い」ことであると、そもそも知らないように見える人たちもいる（もっともどうして悪なのかを論理的に説明するのは実は難しい）。一方、こういう文化で育ちながら腕力に自信が持てない少年や内気な少年は、そのコミュニティで生きていくのに相当の苦労を強いられることになる。

非行少年少女と接していて悩ましいのは、その逸脱行動の主たる要因が養育環境に起因するのか、発達障害や知的障害等の素因と言えるものが主因なのか、その評価が難しいことである。恵まれない環境によって成長発達に遅れや歪みがでている場合、児童養護施設・児童自立支援施設・少年院などの保護的環境におくことで、少年少女たちは多くの場合多少とも回復していく。そのことで環境要因が大きかったことが改めて理解できる。しかし、人生の早期にかなりのダメージを、しかも長期的に受けた場合、相当長い間保護的環境に置かれても回復しないこともありうるだろう。それが対人関係の困難や衝動性という形で表現されると、自閉症スペクトラム障害や注意欠如多動性障害による症状なのか、虐待に起因するものなのか、診断（評価）することができない。これらのいわゆる発達障害は一連のスペクトラムを構成していて「健常」と「異常」の線引きが難しいのだが、統合失調症や双極性障害のような狭義の精神障害についても児童思春期での診断は難しい。そもそも若い患者では症状が非定型であるうえに、どうしても成育歴の影響を受けて病像が修飾されるからである。

どちらにせよできることをすべてやるということに変わりはないのだが、医学的な診断が確定しないと治療の軸足が定まらないのも確かである。結論が出せない以上、薬物療法に終始するのも誤りだし、トラウマケアにこだわりつづけるのも誤りである。結局、無理に診断を確定しようとせず、できることはなんでもするというスタンスで治療教育を行っていくというところに落ち着くのだが、私たちは常に居心地の悪さを感じつづけることになる。こういう居心地の悪さが苦手な人は、非行や犯罪領域の精神科臨床、心理臨床には向かないように思う。

経験は多くないが、虐待をした養育者に会ったことがある。医療少年院や医療刑務所に養育者がやってきて主治医に面会を求めることがあるからである。いろいろな人がいる、というのが私の印象だった。「虐待をする親」に典型的なパーソナリティというものがあるわけではない。ただ、虐待をする親自身もまた虐待を受けてきたことが多い、とは言えそうであった。よく言われることだが、不適切な養育を受けた人は不適切な養育を繰り返しがちだということである。ただし、これはあくまでそうした傾向があるというだけで、一般化するのは誤りである。

もう一つ、これはあくまでも印象にすぎないのだが、ひどい虐待をしている保護者の多くになんらかの精神障害が認められることが多いように感じていた。これにはアルコールや覚せい剤などの物質乱用も含まれている。反社会性が強い養育者の中には、児童福祉や医療に対して攻撃的な態度を示す人たちもいて、対応する職員を悩ませる。精神的に参ってしまう職員がいても不思議ではない。

私は虐待していた養育者に会うと、必ず、「誰かに育児について相談していましたか」と聞くようにしていた。相談相手がいない、あるいは誰にも相談せずに子育てをしていた人たちばかりだった。経済的に豊かな家庭は、まったくなかったわけではないがまれだった。貧困は多くの場合、家庭を地域から孤立させる。

児童虐待についてのマスメディアの報道では、虐待した養育者は非人間的な人物として描かれることが多い。確かに、およそ共感できない残酷な養育者・保護者がいるだろう。しかし一方で、社会から孤立した家庭の中で、社会的弱者によって虐待が起こっていることが少なくないと思う。近隣とのつながりがないまま、狭い空間の中で育児をしていくのは相当に大変なことである。虐待を保護者・養育者の個性・特性に還元するだけでは、おそらく解決の糸口は見出せない。それは問題の根本を見誤ることになる。子どもを社会全体で育てるという視点がないと、虐待を減らしていくことはできない。子どもを育てるのは社会の責任である、というところまで発想を転換する必要がある。まして母性を強調するだけでは養育者を追い詰めるだけだろう。

精神科の外来には、時々自分が子どもを虐待しているので治療して欲しいと希望して受診する親がいる。虐待をしそうなので受診したという人もいる。虐待の内容を詳しく聞くことになるが、私はこれまでのところ、自分から受診した患者で児童相談所への通報を迷ったケースはあるものの、実際に通報に至ったケースはない。一方で配偶者や患者の両親（子どもの祖父母）に来院を促したことは多い。こうやって自ら受診してくる親の大多数は何とかなっていく。医者の促しに応じて家族が一緒に受診してくれる場合はなおさらである。なかには体罰を躾だと言い張る人もいるが、外来に来て話し合ってくれるだけで脈がある。

精神科医は職業柄、虐待を含む過酷な経験に触れる機会がある。耳を塞ぎたくなるような内容も少なくない。患者の中には意を決して受診した人もいて、初診から虐待や被害の体験が語られることがある。虐待を受けたという説明を裏づける事実が示されない場合がほとんどであり、にわかには信じられない体験談もある。医者が患者の話をあたまから疑ってかかることはないが、一方で虐待や被害の現場に立ち会っているわけではないので、事実の認定をできる立場にいるわけではない。そうした医者の立ち位置を患者に理解してもらうことに苦労する場合もある。

診療を始めて数回たってから、なかには数年たってから被虐待や被害の体験が語られることがある。その数カ月あるいは数年は、患者にとってこれまで話さずにきたことを話すために必要な時間だったのだろうし、面前にいる医者が信頼に足る人間かどうかを値踏みする時間でもあったのだろう。

ある中年女性は、慢性的な抑うつ症状のため精神科外来への通院を一〇年以上続けていた。私は何代目かの主治医だった。高学歴の女性で、名門大学卒業後に大企業に就職。数年働いてから結婚し二児をもうけて家庭に入った。表面上、なんの問題もない経歴である。しかし、女性は二〇代の半ばから慢性的な抑うつに悩み、通院を続けていた。長い治療歴の中でありとあらゆる薬物が試された。幸い生活が破綻に至ることはなく、患者は最低限の家事と育児をこなし家庭を維持した。夫との関係も親密とは言えなかったが、険悪ではなかった。私はうつが長引いている理由に何か思い当たることはないかと何回か尋ねたが、確たる返答はなかった。前の医師の処方を微調整しながら二週間に一回、あるいは月に一回の外来診療を数年続けた。

あるとき、たぶんその日の外来に時間のゆとりがあったのだと思うが、患者の小中学生時代のことに話が及んだ。「何回か家出をしたことがある」と患者は話した。私は少し驚いた。それまでの患者の生活史のイメージにそぐわなかったからである。家出のきっかけ、家出していた期間、家出していた期間にしていたこと、患者はこちらの質問にすべて答えてくれた。そこでわかったのは、女子中学生が繁華街の路上で売春をしていたという事実だった。「そうしないと食べていけなかったので仕方なかった」とのことだった。その数ヵ月の間に性被害にあったことも数回あったという。周囲に相談できる人はいなかった。すぐに警察に捕まらなかったのかと聞いたが、ただ微笑むだけだった。両親は警察に通報しなかったのだろうかと問うと、「さあ、あまり関心がないようなので」と低い声で答えた。どうしてこれまで診察で相談しなかったのか、との質問には、「そういう機会がなかったので」との答えが返ってきた。淡々と話す様子からは、努めて自身の感情を抑えようとしている努力が感じられた。

この女性患者の話を裏づける事実を私は何も持っていない。ある程度の誇張やファンタジーがあるいは入り混じっているかもしれない。しかし、この女性が嘘を話す理由はないように思われた。この面接後、私は治療の重点を精神療法に移し、薬物療法の比重を下げた。以降、この女性の気分が安定したことは疑う余地がないように思う。

こうした経験から精神科医が学ぶことは、人には（特に患者には）こちらが思いもよらぬ、語られていない外傷体験がありうるということである。冒頭に述べた少女もそうだった。語られない以上、それらは治療者の理解の彼方にあるのだが、せめてそういうことがありうるという認識だけは持っていたい。

矯正施設で見た家族のかたち

精神科医として診療していると患者の背景にある家族について考えさせられることが多い。直接家族と会って話す機会は少なくない。これは、医療機関であっても、少年院や刑務所で精神科医として働いていても同様である。ここでは、医療少年院や医療刑務所に精神科医として勤務した経験をもとに、家族について感じたこと考えたことを記述していきたいと思う。

その一六歳の少年Aは義父に重傷を負わせて警察に逮捕され、少年鑑別所を経て少年院に収容された。実父母はAが物心つかないうちに離別。母親はパートをしてAと兄を育てたが、Aが小学校高学年のころ、ある男性と同棲するようになった。その男性は昼間家にいて夜仕事をしており、気に食わないことがあると兄とAに暴力を振るった。やがて義父と母の間に子どもができた。

Aによれば、妹が生まれてから義父の暴力は激しさを増した。兄はAをかばってくれたが、中学を卒業すると家を出た。「母親はあいつの暴力にうすうす気づいていたと思うが、何も言わなかった」。それどころか「あんたさえいなければ」と言われたこともある。「友だちと集まってワイワイ話しているときが一番楽しい」「学校は面白くない。勉強はわからないし、なんの役に立つのかと思う」「家族からは無視されているし、小遣いもくれない」「両親と妹の三人で出かけて食事をしてきたこともある」「あんな家にはもう帰りたくない」

Aはやがて学校に行かなくなった。一二歳で喫煙とシンナー（有機溶剤）乱用を始めた。日中は友人とたむろして、夜になると繁華街で遊ぶ生活が続いた。何回か警察に補導されたが行動は変わらず、自宅から金銭を盗み出しては両親と衝突した。体格がよく気性も荒かったAは、小学校高学年のころから義父に立ち向かうようになった。そして、一六歳になったころには義父に勝つようになった。指示に逆らう息子を殴ろうとした義父に抵抗したAの一撃に、義父はもろくも倒れた。以降、Aはしばしば義父に暴力を振るうようになった。たまりかねた義父は、あるときから警察を呼ぶようになった。何回目かの通報でAは逮捕された。

Aは気分がきわめて不安定で、すぐに怒ったり泣いたりしたため、一般少年院より医療少年院での治療教育が望ましいと判断され、医療少年院にやってきた。強い不眠と悪夢を訴えた。Aは法務教官や担当医にも反感を隠さなかった。なんで親が子どもに暴力を振るってもよくて、子どもが親に抵抗すると捕まってこういうところに入れられるのかわからない、というのがAの主張だった。「大人」をまったく信用できないと考えているようだった。

入院してしばらくして母親が来院したが、Aはろくに言葉も交わさず、視線を合わせようともしなかった。母親はAのことで家族がいかに苦労しているかを医者にさんざんこぼして帰った。

母親は、その後も時々面会に来た。その都度、担当医との面接を求めた。「もともとはあんな子どもではなかった」「自分は一生懸命世話をしてきた」「あの子は家にいた方が、あの子のためなんです」といった内容だった。どうやら母親は、Aが家を出ることを恐れているらしかった。義父には頼れないと感じ、自分の世話をAにみて欲しいと考えているらしかった。「Aは家にいると言っていますか?」という母親の質問に「それはなんとも。A君はまだ一〇代ですから、将来のことは何もわかりません」と答えると、「私はずっと両親の世話をしてきました」「親の面倒をみるのは当然でしょう」「少年院ではそういう道徳を教えないのですか」といったやりとりが展開された。母親にとって、Aは自分の将来を支えてくれる道具であるように感じられた。少なくともAがそのように受け止めても不思議はないように思われた。

虐待の加害者の多くが幼少時に虐待を受けた経験があると言われる。親が子どもとの関係を作っていくとき、自分自身が経験した親子関係が雛型になるという側面は否定できず、不安定、病的な関係が反復される可能性は少なくない。虐待を受けた人は、その出発点から親としてかなりのハンディキャップを背負っていると言えるのかもしれない。

この事例では加害者である義父は、幼少時両親と離別し、叔父叔母に育てられた。叔父らの生活も楽でなかったらしく、いつも邪魔物扱いされ、しばしば暴力を振るわれていたらしい。

母親は、両親が高齢になってから生まれた子どもだった。母親が思春期になったとき、両親はいくつも病気を抱え、生活も苦しかったらしい。母親は高校を中退し、両親の世話をせざるをえなかった。頼れる親戚もなかった。一〇代から二〇代の時間のほとんどが両親の介護に費やされた様子であった。苦しい生活の中、両親を見送ったとき、母親は天涯孤独だった。母親は途方に暮れ、アルバイト先で知り合った男性とすぐに結婚した。兄とAの二人の息子ができたが、夫はまともな仕事をせず、いつの間にかいなくなった。

虐待が行われている家族に共通していると感じたことの一つは、地域を含めた人間関係からの孤立である。大家族や大勢の人が出入りする家族での虐待は、ないとはいえないが、多少とも形を変えるのではないだろうか。加害者たる養育者自身が、貧困や心身の病気や障害のため安定した生活を営めないと、被害者を含めた家族が地域の中でどうしても孤立しがちである。現代の家族は、特に都市部では近隣や親族との交流をますます失いつつあり、それが虐待が生じやすくかつ発見されにくい理由の一つになっていると思われる。

Bは正社員として働く共働きの両親の間に生まれた。二人兄妹の第一子で「やんちゃな少年」であったというが、中学までは成績もよくスポーツも得意で、親として心配するようなことは何もなかったという。ところが、希望していた高校の受験に失敗して、望まない学校に進学したころから、「よくない」友人と付き合うようになった。学校を休みがちになり、ゲームセンターにたむろした。何回か警察に補導され、注意を受けた。高校を中退し、昼間は寝ていて夜になると起き出し繁華街で遊んだ。一八歳のとき、恐喝・傷害で逮捕され、少年院送致された。

一年で帰宅し、しばらくはアルバイトをしたが長続きせず、もとの荒れた生活に戻った。二一歳で覚せい剤取締法違反により逮捕された。最初は執行猶予付きの判決を得たが、すぐに再犯し、二二歳で少年刑務所に約二年間服役した。二四歳で出所し、しばらく親元で暮らしたが、たびたび注意されるのがうるさいと言って家を出てしまった。二六歳で再び覚せい剤取締法違反で懲役刑を受けたが、このときには覚せい剤乱用の後遺症と思われる症状が遷延しており医療刑務所（現矯正医療センター）に送致されてきた。

一般に、少年院や刑務所に何度も収容される人は、非行が比較的低年齢から始まっていることが多い。高校になってから非行が始まったBの経歴はやや異色であった。Bの母親は頻繁に面会にやってきた。医療刑務所での面会は月に一回程度が原則だったように思う。しかし、多くの家族は滅多に面会に来ない。服役中一度も面会に来ない家族も少なくない。Bの母親は毎月やってきた。そして、担当医にも必ず面接を求めた。母親はBの少年時代から現在に至るまでのいろいろな経緯を話し、担当医に同意を求めた。その内容は、一言で言えば「自分の子育てに間違いはなかったはずだ」「B(そして自分)はむしろ被害者である」ということにつきた。

母親はまた医療刑務所の医療が貧弱であり、本当にきちんとした治療を受けられているのかと何度も担当医を詰問した。すこし痩せたと感じれば食事の内容を問い詰め、元気がないと感じれば何かひどい目に遭っているのではないかと聞いてきた。Bには「私があなたを守ってあげるから、しっかりするのよ」と励ましの言葉をかけた。その表情は鬼気迫るものがあった。

Bは母親の言葉を「うざい」と一言で吐き捨てることもあれば、母親の言葉を利用して「訴えることも考えているようですよ」などと刑務官を脅すような言辞を弄することもあった。母親が面会に来ると、Bはその後で荒れると担当の刑務官は嘆いていた。

「Bがかわいそうでならないのですか」という私の質問に、Bの母は一瞬虚をつかれたようだった。「刑務所で人権が守られているかどうか気になる」「知人の弁護士にも相談している」との答えが返ってきた。「医療刑務所に移送された当時に比べれば、顔色もよく、日中軽作業もやっており、経過はいいように思える」と伝えるとうなずいた。「ここは刑務所なので快適な場所ではない」「他の受刑者と同様の公平な処遇を受けている」「病気の具合もかなりよくなっている」「もう二〇代の後半であり、お母さんが心配するより逞しそうだ」と続けた。それからしばらくやりとりがあったのち、母親はいつもより丁寧に挨拶をして去った。その後、母親の来所回数はめっきり減り、刑務所へのクレームのような発言は減っていった。それにともないBの様子も落ち着いていった。

Bはいわゆる「ふつう」の家庭で育った非行少年であり犯罪者であった。両親は大学を卒業しており、他の多くの受刑者の家族に比べて整った衣服に身を包んでいた。Bが小学校高学年のころから、夫婦の間に深刻な葛藤があったようである。そのことがBに与えた影響を母親は気に病んでいた。この夫婦の間に具体的にどのような問題があり、どのような経過をたどって現在に至っているのか、そこまでの話をすることはなかった。ただ、Bの行動が結果的に夫婦の離別を抑止するはたらきをしたのは確かなことであろう。母親は罪滅ぼしのような気持ちで頻回に刑務所にやってきてけ、担当医に詰め寄っていたように見えた。主治医である私への母親からの攻撃は激しかったが、根底に息子への罪悪感と恥の意識があることがうかがわれたせいだろうか、私はあまり強い反発を感じなかった。すでに二〇代後半になっている青年の行動の責任を母親が引き受けることはできない。Bは刑務所に入って生活することで自分のしてきたことの責任を自分で取らなければならない。そのことをわかってもらう必要があったわけだが、この母親はそれを理解してくれたようだった。

Cは五〇代前半の女性であった。夫と離婚し、一人娘と暮らしていた。亡くなった両親はCにかなりの資産を残したが、Cは累犯窃盗という罪名で受刑していた。経済的に窮していないCがデパートやスーパーで万引きを繰り返すのは、「スリル」のためである。初めは叱責だけで見逃してくれ、賠償することでけりをつけていたが、ついに受刑生活を送ることになってしまった。拘禁の影響のためか、Cから睡眠障害や軽い抑うつをはじめとするいろいろな訴えがなされ、私が時々話し相手になっていた。

Cの娘は二〇代の半ばであった。名門大学を卒業し、ある有名企業に勤めていた。すらりとした長身の彼女が刑務所内（といっても受付から面会室までの限られた空間だが）を歩くとその場の空気が一瞬変わるかのようだった。Cの娘は定期的に面会にやってきたが、どちらかといえば事務的なやりとりに終始し、いつもややこわばったような表情をしていた。Cは毎回のようにぼろぼろと涙を流し、自分の行為を詫びた。そして、自分の受刑が娘の将来に好ましくない影響を与えるのではないかと確かめるように娘に尋ねた。「そんなことないよ」と娘は答えて、面会がいつも終わった。

一度だけ、Cの娘の依頼で「病状」の説明をしたことがある。窃盗癖《クレプトマニア》という病気についての質問に終始した。私の一応の説明にじっと聞き入っていた後、何か原因について定説があるのかと尋ねた。確定している理論はないことを伝え、依存や嗜癖に関するいくつかの学説を話すと、彼女はただ「どうしたらよかったんですかね」とだけ言って黙って頭を下げ退室した。

犯罪とは何かを規定するのは意外と難しい。一つの定義は「他者の基本的人権を損なう」というものである。万引き被害の重みに耐えられず閉店した書店を知っており、窃盗を微罪として軽視するつもりはない。万引き・窃盗もまた明らかに他者の基本的人権を損なう行為である。しかし窃盗の「スリル」に翻弄されるCが「犯罪性」とは縁遠い存在であることもまた確かである。娘はCにとって望みであり誇りであり、最後の頼りであった。中高年に至った親が、子どもに依存することはありふれた現象ではある。娘が大学に入り、学生生活を謳歌しはじめたころ、Cの「犯罪」が始まった。結果として、その「犯罪」は娘をCのもとに留める効果を持った。同時にCには強い罪悪感が芽生えた。二人の関係はとても入り組んでいるようにみえた。

刑務所には時々こうした「凶悪な犯罪」とは縁遠い人々がくる。近ごろは摂食障害のため食物の万引きを繰り返し、ついに実刑判決を受ける女性が少なくない。その中には、有名な大学を出た人もいる。刑務所にいる人々の学歴はおしなべて低く、恵まれない境遇で育った人が多いことを示す一つの指標であるが、摂食障害による累犯窃盗の場合は例外である。高学歴の女性受刑者の中に少なからず長い経過の摂食障害患者がいる。彼女らの多くは治療歴があり、入院治療の経験がある患者も少なくない。しかし、摂食障害は改善せず、手を染めた万引きをやめられず、ついに刑務所に来る破目になる。こうした受刑者の家族関係もとても入り組んでいるように見えることが多い。ただ、それは家族関係が摂食障害と万引きの始まりに関係しているのか、こうしたことが続くため家族関係が入り組んでくるのかを判断するのは難しい。

五〇代前半の男性Dは、関東近県の県庁所在地に生まれた。父親は工員だったらしいが、Dが一二歳ごろ病気で亡くなった。兄と姉がいたが、Dが中学生のころ家を出て今はどこに住んでいるのかも知らない。父が死んだ後、Dは母親とずっと暮らした。

Dは地元の小中学校に通った。面接で聞いたかぎりでは、学校にいい印象をまったく持っていない。楽しい記憶はほとんど残っていなかった。中学を出た後、そのまま地元の工場に勤めた。溶接の仕事をしていたらしい。本人の弁によれば、ずっとその工場で働いていたようだが、四〇歳代の半ばで工場を退職している。Dは「もう来なくていいと言われた」「クビになったんだと思うよ」と淡々と語っていた。ちょうどそのころ、母親は突然Dのもとから去っている。その理由をDは知らされていない。Dは母と暮らしていたアパートにそのまま住んだが、やがて生活費に事欠くようになった。四〇代後半にはホームレスになっていた。

しばらくは知人に無心したり、ゴミをあさったりして生活していたらしい。しかし、やがてどうにもならなくなり、スーパーのおにぎりを万引きして店員にみつかり、警察に突き出された。何回か地元の警察に叱責を受けて帰された後も万引きを繰り返し、結局拘置所に送られて裁判を受けた。この際の判決は、懲役一年、執行猶予二年というものであった。初犯であることを考えればごく一般的な判決であろうが、それからの彼の生活になんの変化も生じなかったことを考えれば、刑務所収容を先送りしたにすぎないと言えるだろう。拘置所を出て数日後、Dは再び万引きをして逮捕された。今回は実刑判決を受け、前回の執行猶予分と合算して、計三年の懲役刑に服することになった。

この刑務所でDは真面目に懲役を行ったらしく、二年四月で仮釈放になっている。このとき、刑務所の係官（分類保護の担当者）はDの兄を探し出し連絡をしている。このまま出所させても同じことになると考えたのであろう。Dの兄は身元引受人になることを承諾し（だからこそ仮釈放が可能だった）、出所の折には刑務所まで迎えにきた。

しかし、いったんは身元引受人になったもののDの兄が困ったことは想像に難くない。兄には妻子があった。多くの家庭がそうであるように、刑務所から出てきたDの面倒をみるゆとりはなかった。最終的に、兄は自宅から離れた公園でDに数千円を持たせ、自力で生きていくよう伝えて別れを告げた。再びホームレスに戻ったわけである。

Dは数日間、兄からもらった金銭で飢えをしのぎ、これを使い果たしたのち、窃盗をして逮捕された。すぐ拘置所に送られ、簡単な裁判で有罪判決を受けた。すでに「累犯犯罪者」であり、おにぎり数個の万引きで懲役三年の実刑判決を受けた。今回の懲役の途中、Dは体調を崩し、懲役を嫌がるようになった。食事だけはしたが、入浴や運動をせず、一日中舎房でじっとしていた。Dはやがて尿や便を垂れ流すようになった。刑務官は叱責したり、励ましたり、いろいろ試みたようだが、あるとき以降、ほとんど言葉に反応しなくなった。医師の診察を受け、「昏迷状態」の診断で私が勤めていた医療刑務所に送致されてきた。

Dは医療刑務所でも当初言葉をまったく発せず、こちらの質問にも答えなかった。食事だけは自分で食べたが、尿や便を失禁しつづけ看護師や刑務官を困らせた。Dがこちらの質問にぽつりぽつりと答えはじめたのは、入所して数カ月たったころであった。しかし、それでも家族に関する質問には首を振って、答えるのは嫌だという意思を示した。最後まで親のこと、兄弟のこと、何を聞いても答えなかった。

Dは満期まで医療刑務所にいて、単身で出所した。今回は家族の迎えもなかった。医療刑務所の係官は社会福祉制度を利用して施設へ入所することを勧めたが、Dは断固として拒否した。明確な拒否に対し、意思に反する選択肢を強要する法的根拠を刑務所は持っていない。

これは、現在のわが国の刑務所にいる「ごくありふれた」受刑者と家族である。そもそも決して豊かとは言えない環境で育ち、低い学歴のまま就職し、若いうちは就労しているが加齢とともに職を失う。やがてホームレスになる。運がよければ食いつないでいけるが、Dのように窃盗をするしかなくなる者もいる。飲酒やギャンブルがこの過程を加速することもある。無銭飲食という名の「詐欺」で収容される場合も多い。力に自信があり気性が荒ければ強盗になる者もいるだろう。

Eは二三歳の男性である。生後すぐ児童養護施設に預けられた。詳細は不明である。Eも事情を知らない。両親の顔を覚えていない。中学まで養護施設で過ごした。施設にいい思い出はないという。しばしば年長者からいじめられた。職員はかばってくれなかった。中学を出ると、とにかくここにはいられないからと施設を「追い出され」、住み込みで小さな町工場で働いた。一週間ももたず逃げ出し、万引きをして保護された。引き受け先がなく、鑑別所を経て少年院に送致された。約半年で一回目の少年院を出て、紹介された工場に勤めたが、ここも長続きしなかった。傷害事件で逮捕され、再び少年院へ送致された。結局、三回少年院に入った。一四歳からの六年間のほとんどを少年鑑別所と少年院で過ごしている。

二〇歳を過ぎても事情に変わりはなく、同じような傷害事件を起こして逮捕され、少年刑務所に収容された。一年の刑期を終えて出所した翌日、傷害事件で逮捕され、再び受刑することになった。私が彼に会って何度か話をしたのは、この二回目の受刑中のことだった。

無口な青年であった。ほとんど表情がなく、ぼそぼそと小さな声で話した。決められた作業をほとんどやっていなかった。「やっても仕方ない」「できません」というのが理由だった。同じような事件を繰り返していることについて聞くと、そのときだけ口元にかすかな笑みが浮かんだ。今度も出所したら同じことをするのかと問うと「します」とはっきり答えた。「次は刑期がもっと長くなる」「もっと辛い生活になる」と言葉を続けたが、何も答えず無表情のままだった。無意味なことを言った、とすぐに私は後悔した。

この青年には行くところもないし、することもないのだ。その冷たい無表情な青年を見つめているうち、「ひょっとしたら、この若者は人生で楽しいと感じて声を出して笑ったことが一度もなかったのではないか」という想像が浮かんだ。『海の上のピアニスト』という映画をふと思い出した。生涯を船の中で暮らし、ついに陸に上がることができなかったピアニストは、船の外の社会の「誰にとっても存在しなかった」。この青年もそれに似ているのではないか。人生の大半を施設で過ごし、「社会」の誰もEのことを「知らない」。それに、Eもまた刑務所から「社会」に出ていくのが怖いのかもしれない。

どんなに憎み合っていても、家族がないという状況よりはまだましだということはあるかもしれない。少年院や刑務所の被収容者の家族関係は多くの場合芳しいものではない。しかし、それでも家族が面会に来ると受刑者は喜ぶことが多い。確かに家族の面会後に不安定になる受刑者がいることは事実であり、医療スタッフや刑務官は家族の面会後、緊張を強いられることがある。しかし、これも受刑者の期待の反動であると言えなくもないだろう。受刑者は家族との面会にいろいろな（しばしば一方的な）期待を抱き、そしてしばしば裏切られたと感じるのであろう。そうでなければ、不安定になる理由もないからである。刑務所や少年院で出会った被収容者には虐待を受けた人たちが少なくない。こういう養育者ならいない方がましではないかと感じることも多い。だが、一方で「何もない」こともまた破壊的である。

ここまで、私が出会った矯正施設に収容されている者の家族の姿を描いてきた。大多数の家族は、身内に犯罪者がいることを恥と感じ、罪悪感を抱いていた。身内に犯罪者が出れば、家族が罪悪感を抱くのは当然だと思われる方もいるかもしれないが、犯罪者の家族が感じる引け目の強さは日本独特であるという意見もある。少なくとも欧米では、家族ないし身内が何か不始末をしでかしたからといって、周囲から家族が責任を取るよう強く求められることはないらしい。佐藤直樹氏は「世間学」の立場から、受刑者などの家族への世間からの批判について考察しているが（『加害者家族バッシング』）、こうした視点は納得できる点が多々あった。

非行や犯罪が、本人の成育歴とつながっていることは否定できないにしても、それはただちに「親のせい」「家族のせい」ということを意味してはいない。非行や犯罪は、きわめて複雑な事象で、単一の要因のみで生じるとは考えにくいのである。事件後の対応を考えるうえでは原因の分析が不可欠ではあるが、非行や犯罪は単純な原因－結果モデルでの理解にはなじまない。家族が必要以上の罪悪感を抱かざるを得ず、そのうえに社会的な制裁を受けることになり、生活が苦しくなることは本人の再出発に有利に働かない。必要なのは家族への批判ではなく支援である。家族の力を高めて受刑者や少年院出院者の社会復帰を促す方が合理的な考え方であると思うがどうだろうか。

矯正施設での臨床に基づいて、いくつかの家族の様相を描いてきた。五万人の被収容者がいれば、五万の家族があることは言うまでもない。ただ、矯正施設で出会う家族は、一般の医療施設で出会うより総じて「貧しく」「孤立しており」「葛藤に満ちて」いることは確かであると思う。病院の精神科外来で患者や家族と会っていても、何かが少しよくない方向に動くと、被収容者やその家族と似たような経過を辿りかねない危うさを感じることがしばしばある。矯正施設での臨床からみる家族は、一般社会の家族とまったく異質で違う世界に属しているのではなく、ある傾向を強く映し出して見せてくれているのだと思う。

こうした家族にどのような「治療的な介入」が可能なのか、多少考えたことがある。だが、多くの家族は、精神医学や臨床心理学から生まれた家族療法論の彼方にあるように感じられた。家族療法から生まれた理論は、さしあたって治療やカウンセリングの対象としている家族の力動への理解から抽出されているように思う。しかし、刑務所で見た多くの家族は、その原型を留めないほど崩壊しているか、あるいは幾世代にも渡って負の蓄積を重ねているかであるように感じた。おそらく、一番必要とされているのは、洗練された心理学的手法ではなく福祉的な配慮と根気強い支持的な対応なのである。

多くの家族に会っていると「家族問題」について何か語りたくなる誘惑にかられる精神科医や心理学者が出てくるのはわからないではない。私は家族療法の専門家ではなく、家族問題に詳しいわけでもないので、およそ一般論的なことは言えない。ただ、現代社会では、「理想的な家族のあり方」を想定するとか「家族はこうあるべきだ」という議論をするのは無理があるように感じられてならない。わが国の家族の機能と構造は多様化した。一人親家族と三世代同居の家族を同列において「家族のあり方」を論ずるのは難しい。「家族はこうあるべきだ」という規範を考えようとすることは、どうしてもそれ以外の家族のあり方を批判する論調に傾きがちである。しかし、家族のあり方がますます多様化していくことはおそらく止められないだろうし、止めようとする必要もないことだろう。

家族のサイズが縮小していけば、家族は総じてその機能を縮小していくことは間違いない。そして家族が育児や介護などの機能を喪失しつつある以上、社会つまり福祉や医療がそれを補完しないと社会的弱者は行き場がなくなるだろう。ところが、この一〇年から二〇年で強調されたのは個人と家族の「自己責任」であり、福祉や医療もまた機能低下しているように見える。家族の中に居場所がなく、医療や福祉から「あぶれた人々」が矯正施設に居場所を定めるとしたら、それは誰にとっても住みやすく豊かな社会とは言えないことは間違いない。

保護室で聞いた除夜の鐘

短い間だったが、規模の大きな拘置所に勤めたことがある。世の中にこういうことがあるのか、こういう人たちがいるのか、という驚きの連続だった。

まず驚いたことの一つは、精神科の診察を希望する人たち（被収容者）の数が多いことだった。毎日午前中は精神科の診察が行われるのだが、押すな押すなの盛況（?）で待合室の外にも人が溢れていた。しかし、診察の取り仕切りをしている看護助手（看護師の資格をもっている刑務官）によれば、これでも診察希望する人の一部にすぎず、様子を見ながら必要性を判断し制限しているのだという。希望する全員を診察していたら「一日やっても終わりません」とのことだった。訴えの多くは不眠だった。眠れないからと睡眠薬の処方を希望するのである。これはわからないではなかった。未決なので懲役作業をしているわけではないのだが、午後九時消灯、朝の六時起床である。裁判の不安もあるし、拘置されているから行動の自由はない。そう熟睡できる人たちばかりではないだろう。眠れないからといって、テレビを見たり運動したりできるわけではない。周囲の迷惑にならないように、音をたてないようにしなければならない。睡眠薬をもらって眠りたいと考える人たちがいて、当然と言えば当然である。

ただ、拘置所で診察した人たちが希望する睡眠薬の量は半端ではなかった。当時、睡眠薬と言えば、まだベンゾジアゼピン系のものしかなかった。この系統の薬物は耐性が生じやすく、依存性があることが指摘されている。診察して必要があると考えたら、まずこれを一種類最低量を処方する。ここで多くの人は、「少ない」「それでは眠れない」といって抵抗する。しかし、「初めからそんなに多くは処方できない」と医者としては当然の説明をして一回目の診察は終了する。大多数の人は次の診察にやってきて「まったく効きません」という。仕方ないので増量する。一応納得して帰るのだが、次回またやってきて「まだ効かない」という。最初に処方した睡眠薬が処方してよい限界量（用量）に達すると他の睡眠薬を重ねることになる。これもやがて用量に達する。ここから先は医師によって考え方の違いが表れるのだが、私個人はベンゾジアゼピン系の睡眠薬は二種類以上処方しても効果はないと感じていたので、次は鎮静作用がある抗うつ薬か抗精神病薬を少量処方していた。何割かの人はこれでどうにか満足するのだが、なかにはかなりの量の処方をしないと眠れないと言い張る人たちがいた。そういう人たちには、たいてい覚せい剤乱用の経験があった。

睡眠薬二種類を用量の限界まで処方しても「まったく効かない」というが、特に気分が落ち込んでいる気配がない人たちには、抗うつ薬ではなく、より鎮静作用が強い抗精神病薬を選択する。一般に言う精神安定剤は作用が弱いものと強いものに分けられる。かつてはこれをマイナートランキライザーとメジャートランキライザーと分けて呼んでいた。最近は作用が弱いものを抗不安薬、強いものを抗精神病薬として区分している。大雑把に言えば作用する神経伝達物質が違っていて、作用の強さも副作用の出方も異なっている。向精神薬に対する反応はかなり個人差があるとはいえ、精神病症状がない人がメジャートランキライザーと呼ばれた抗精神病薬を服用すると、かなりの鎮静作用が出現し長時間眠気やふらつきに悩まされることが少なくない。

私が勤めていた当時、睡眠薬に加える抗精神病薬としてはレボメプロマジンという薬物が好んで選択されていた。これは何も拘置所や刑務所だからということではなく、一般の精神科病院などでも同様だった。最初は五ミリグラムから処方する。これで結構な眠気が生じてくる患者が多いのだが、拘置所の中には強者がいる。診察ごとに副作用が出ていないことを確認しながらレボメプロマジンの量を増量していくのだが、何回増量しても眠れるようにならないという。こちらとしてはすでに相当量の処方をしているので、どうしても慎重になる。医学的に常識と考えられるペースでしか増量できないことを説明していると、「大丈夫ですよ」「自分の身体は自分が一番よく知ってます」「もっとどんどん増やしてくれないと次の診察までつらくて仕方ない」とまくしたててくる。「医者の立場としては少しずつでないと無理ですよ」と言っても「いやそこをなんとか」「もう一声」などと、まるで競りでもやっているか、どこかの露店で品物を値切っているかのような調子で要求してくる被収容者もいる。

あまりしつこいと、横で診察に立ち会っている看護助手が「先生がダメだと言ってるだろう」と制止してくれる。この看護助手の立ち合いがなければ、おそらく拘置所での診察は、睡眠薬や安定剤の処方をめぐって延々と長い時間が浪費されることになるだろう。もっとも、看護助手にも介入がうまい人とそうでない人がいて、また相性もあって、たまにではあるが、被収容者と看護助手が口論になることもあった。これはもっとたまにであったが、希望通りの処方を受けられなかった被収容者が、暴言を吐いたり暴れたりして取り押さえられることもあった。とにかく騒々しい雰囲気の中で診察が進んでいく。ああいう雰囲気の中で診察をしたのは、私にとってはおそらく最初で最後だろう。

こうした薬物希求が強い人が処方を望む薬物に共通性があることも印象的だった。具体的にあげると、フルニトラゼパム（サイレース・ロヒプノール）、トリアゾラム（ハルシオン）、エチゾラム（デパス）、リルマザホン（リスミー）それにベゲタミンであった。これは病院での診療でもしばしば依存的になっている患者が希望する薬物である。

このうちベゲタミンは、クロルプロマジン・プロメタジン・フェノバルビタールの配合剤だった。作用が強いベゲタミンAとやや弱いBがあり、ベゲタミンAは赤色、Bは白色だったことから「赤玉ください」などと注文する人もいた。「赤玉」の数をめぐって交渉するような感じになることもあった。ベゲタミンは依存性が問題になり現在は作られなくなっている。フルニトラゼパムはアメリカ映画を観ていて「レイプドラッグ」と呼ばれていることを知った。入眠作用が結構強力で持続時間も長い。日本では一般医療施設で処方されていたが、アメリカには持ち込み禁止だったので注意が必要だった。ちなみにトリアゾラム（ハルシオン）は銀色の袋で包装された青い錠剤で、こちらは「青玉が欲しい」「銀紙のが欲しい」という人が時々いた。バブルの時代に、青玉をアルコールに入れて飲むと「トリップ」できるというので流行したことがあり、ある病院の外来で「眠れないんです」という若者から「ハルシオンという青い色の睡眠薬が欲しい」と名指しで注文されたことがあった。その若者はいかにもつらいという表情をして「もうひと月眠れないんです」と訴えたが、血色がよく肌がやけにつやつやしていた。当時は六本木ではハルシオンが一錠六千円で売れるという噂があった。一般に矯正施設では、これらの依存性が問題になりうる薬物を採用しておらず、被収容者は服薬できない。

さて、こうして睡眠薬に加え相当量の抗精神病薬を毎日服用している人たちはその後どうなるのか？　もっと驚かされたのはそこだった。あるとき、数百ミリグラムのレボメプロマジンを服用している恰幅のいい、三〇歳前後の入れ墨をいれた男性が診察に来て「赤落ちしますから、薬は全部やめます」という。聞けば「赤落ち」とは裁判が終わって刑が確定し刑務所に行くことであるという。刑務所に行くと懲役刑があって毎日労働するし、そもそも拘置所ほど向精神薬を処方してくれないので、ここですっぱり服用をやめるのだという。刑務官によれば、向精神薬を服用しているとM級（精神障害をもつ受刑者）に分類され、仮釈放の対象にされにくいことも一つの理由だという。「いくらなんでも今の量の抗精神病薬をいきなりやめるのは離脱症状の出現も含めリスクが大きすぎる」「やめるのはいいが徐々に減らしていくのが当然」「そもそも薬がないと一睡もできないと言ったではないか」と聞く。「大丈夫です」「自分の身体は自分が一番よく知ってます」「前にも同じことをやったからわかってます」とこちらの言うことを聞き入れる気配はまったくない。「処方されてもどうせ飲みませんから税金の無駄ですよ」とまで言う被収容者もいた。しばらく押し問答した後、結局「自分の責任でやめること」「万一、何か異変があったらすぐに知らせること」を約束して一気に処方を中止した。そして何も起こらず刑務所に移送されていった。こういう輩が一人や二人ではないのである。

診察ごとにまるで競りをやるように服薬量を釣り上げていき、時期がきたらすべてをいきなり中止して平然としている。こういう人たちの精神と肉体の構造が私にはどうにもわかりにくかった。「睡眠薬をすぱっとやめる、ああいう潔い奴らは刑務所では問題なく勤めて仮釈放で出て行くんです」という刑務官の言葉に「そんなものか」と妙に感心した。一方、なかには刑務所に行っても服薬が必要なので、申し送りにそのように書いてくれと半ば泣きそうな顔をして懇願する人たちもいた。「幻聴幻覚があるんです」とそれまで話したことがない精神症状を急に訴え出る人もいた。人はいろいろである。

拘置所には精神疾患の患者が多いことにも驚かされた。重症の統合失調症・双極性障害・薬物乱用の後遺症などの患者が多いのである。

いつのころからか、統合失調症の症状が軽くなった、統合失調症が軽症化しているのではないか、ということが語られるようになった。確かに、私が精神科医になった当時、外来で統合失調症の患者の初診をすると、さしあたり外来で診察を続けるにせよ、いずれ入院治療が必要になる可能性を常に念頭に置いていたものだった。しかし、最近は外来だけで維持できている統合失調症の患者は少数ではないし、仮に入院しても数カ月で退院できるようになった。治療が進歩した、早めに受診するようになった、ということもあるだろうが、患者の症状自体が軽くなっていると言えそうである。私が若い時代には、統合失調症の診断に必要なものとしてシュナイダーの一級症状を習った。思考化声（自分の考えていることが声になって聞こえる）、対話性幻聴（自分の頭の中で対話が行われる）などである。こうした特徴的な幻聴や異常体験を医療機関の外来で聞くことがめっきり減ったような気がする。

私は刑務所での勤務をやめてからは大学病院と都心の精神科クリニックで診療することになったが、そこでは重症の精神病患者と会うことはまれだった。もちろん統合失調症の急性期の患者がやってきて入院を受け入れてくれる病院探しに苦労したり、クリニックで大声を出したり器物を壊したりする人もいて対応に苦慮したこともあったが、基本的には軽症の患者が対象になった。軽症だから治療が容易だとか、患者本人の苦痛が軽いということではないが、錯乱したり著しい興奮をしたり、言葉のサラダ（つながりのない単語の羅列）としか言いようのない発話をする人に会う機会は明らかに減った。そんな私が重症の患者と会うことが多かったのは、大学勤めになってからも非常勤で通った刑務所や拘置所での診療だった。若いころに出会った重症の統合失調症患者、教科書に載っている多彩な精神病症状を示す患者が大勢いた。特に拘置所には重症患者が多かった印象がある。

統合失調症以外のいろいろな精神障害に知的障害を加えると、矯正施設の被収容者の相当数がなんらかの精神障害に罹患していることになる。被収容者が暴れたため拘置所内にベルが鳴り、刑務官が集まって保護室に収容するというのは日常茶飯の出来事だった。重症の精神障害の被収容者は多くの場合、治療を拒んだ。面接すら拒む人が少なくなかった。服薬して欲しい人が服薬を嫌がり、必要がないのではと感じる人が服薬を希望するという逆説があった。矯正施設に精神障害や知的障害の被収容者が少なくないことは、自身が服役した元国会議員・山本譲司氏の著作などで知られるようになったが、まだまだともすれば忘れ去られがちな現実ではないかと思う。

ある年の暮れ、私は運悪く大晦日の当直を引き当てた。くじで振り分けたのだと思う。年末年始に当直をやりたい人はいないから、自分のくじ運の悪さを呪うしかない。

ちなみに私は常勤・非常勤でいくつもの精神科施設に勤めたが、大晦日に当直を希望する医師に一人だけ会ったことがある。その初老の医師は大晦日の当直を進んで引き受けてくれた。「除夜の鐘を聞きながら一人で一年をふりかえるのです」と話していたが、周囲の医師たちは恩恵にあずかっていたにもかかわらず、よほど人生に深刻な悩みがあるのだろうなどと話していた。

その大晦日の朝、私は拘置所に入り、いつもの休日勤務のときのように医局で待機した。保護室に入っている数名の回診をすませれば、休日なので特段することはなく待機しているのが仕事である。大晦日に保護室に入っている人たちの多くは、人間関係からの刺激を苦手にしており日常から保護室を居場所にしているので穏やかに過ごしている。当直医は、本を読んだり、持ち込んだ映画のビデオを見たりしていればいい。大晦日は被収容者も特段することはなく、正月ならではの弁当が出る。だから騒動が起こる可能性は低く、平穏に夜が更けていった。

このまま新年を迎えられるだろうと思っていたら夜の一一時ごろに電話が鳴った。「落ち着かない奴がいるんで来てください」という。おもむろに白衣をはおって電話をかけてきた舎房に行くと、ある中年男性の部屋の前に大勢の刑務官が集まっている。どうやら何かをきっかけに刑務官と被収容者が口論になったらしい。中年男性が激高して抗議している。刑務官たちは落ち着かせようとなだめていたが、やがて刑務官の方もやや強い調子になってきて、中年男性の方もいっそうエスカレートしてきた。このままでは周囲に迷惑このうえないので、仕方なく保護室に収容するということになった。本人はまったく納得していないので抵抗する。かなり身体の大きな男性なので力もある。こういう男性が本気で抵抗すると、けがをさせないように移動させるのは結構大変である。大騒ぎしながら保護室に収容したときには零時に近くなっていた。遠くから除夜の鐘が聞こえてきた。

その男性は、ようやく保護室に入ったと思うや今度はいきなり頭を壁にぶつけはじめた。額に血が流れている。やむなく再度開錠して部屋に入り消毒していると、さっきまで怒り狂っていた男性が、今度は急に涙ぐんでしくしく泣きはじめた。何がなんだかわからないが、とにかく喜怒哀楽が激しいとしかいいようがない。その男性の涙と鼻水が私の白衣にべったりと沁み込んだ。止血しながら涙を拭いてなだめているとやがて落ち着いてきた。その間も除夜の鐘は鳴りつづけていた。腕時計はちょうど零時を指している。こうして新年を保護室で血と涙と鼻水を流して鳴咽している男性を介抱しながら迎えた。しばらく一緒にいると男性がすっかり落ち着いたので部屋を出て医局に戻った。やけに疲れを感じた。大晦日に病院で当直をしたことはたぶん何回かあったとは思うが、保護室で除夜の鐘を聞きながら大の男が泣いているのを介抱したのはこれきりである。忘れられない大晦日だった。

それにしてもあの男性はどうして大晦日に保護室に入るような興奮をして、保護室の中で急に泣いたのだろうか？　この男性は精神科の診察を希望してきたことはなかったし、何かの精神疾患に罹患していたわけではない。ただ短気で興奮しやすく気分の変動が激しいとしか表現のしようがない人だった。子どものころから喧嘩がたえず、勉強が苦手で学校になじめず、仕事も長続きせず、傷害事件で何回か警察の世話になり、今回は起訴されて拘置所にいたらしい。おそらく、年明けに有罪判決が出て、刑務所に行くだろうと聞いた。警察には何度も世話になっているとはいえ、刑務所に行くのは初めてで、その不安もあったのかもしれない。特別に凶悪な人というわけではないが、こういう人が隣人だと生活は落ち着かないだろう。刑務所は、こういう人たちが最終的に落ち着く先の一つなのかもしれなかった。

拘置所に勤めているとき、心底こんなことがあっていいのだろうかと思ったことがある。六〇歳代とおぼしき男性が、ずっと保護室に隔離されていた。もっとも、拘置所や刑務所の被収容者はたいていは年齢よりふけて見えるので、実は四〇歳代だったのかもしれない。発話が支離滅裂で、ごく基本的な会話が成立しない。それにしばしば何やら興奮した様子で怒鳴っている。扉ごしに話しかけても反応すらしないことがある。こういう状態がもう何カ月も続いているのだという。重症の統合失調症なのか、認知症なのか、それとも他の病気なのか、いずれにせよ明らかに正常な状態ではない。食事はきちんと取っているとのことで顔色は悪くなかったが、もう何カ月も狭い部屋から出ていないし、入浴もしていないという。それどころか、時々自分の便を壁に塗りつけたり尿をまき散らしたりしている。刑務官たちはこれを掃除しなければならないのだから大変である。

聞けばこの男性は何かの傷害事件を起こして起訴され拘置所にいるのだが、興奮していて対話も成立しないため裁判ができず、したがってずっと拘置所にいるのだという。弁護士はどうしているのかと尋ねると「さあ、きっと国選ですからね」「やる気もないんじゃないですか」という。もっとも仮に弁護士にやる気があったとしても、そもそもこの状態では弁護士が接見する場所まで行けない可能性が高かったから、弁護のしようもなかったのかもしれない。

かつて勤めていた精神科病院で急性期の患者はそれなりに診察してきたが、この男性の錯乱の程度はなかなかのものだった。こういう人がなぜ起訴されて拘置所にいるのか、それとも拘置所にいるからいっそう具合が悪くなっているのか、いずれにせよ裁判が始まるめどもたたず、この生活が続いていくのはなんとも不条理に感じられた。これが精神科病院で起きていたら、精神科医が何人かの看護師とともに保護室に入って、説得しても服薬しないなら抗精神病薬の注射を打つだろう。この種の強制治療は決して望ましいことではないが、これほど錯乱して糞尿まみれになり、時には壁に頭をぶつけて自傷する状態を長く続けるのをなすがままにすることは尋常でないように思われた。しかしながら矯正施設は、刑の執行あるいは裁判の円滑な進行のための施設であって、被収容者は治療を受けるために収容されているわけではない。したがって医者には本人の同意を得ずに強制治療を行う権限が与えられていない。この被収容者の場合、連絡先がわからないので家族の同意は得ようがない。また、当時私が勤務していた拘置所はかなり大規模で医療スタッフが充実していたとはいえ、夜間は手薄になってしまうことは否めなかった。そうした医療環境下で、可能性がそれほど高いとは言えないにせよ、強い副作用が生じうる抗精神病薬の注射を行うのは医師としてためらいもあった。結果的に、私は何もできず、この男性が保護室内で錯乱しているのを見ているしかなかった。

この男性は裁判にたえない。つまり訴訟能力に欠けており、裁判を継続することができないと思われた。したがって検察官が起訴を取り下げるしかない。しかし、検察官はいったん拘置所に送った被疑者の状態を詳しく知る由もない。ここに問題の根幹がある。この男性の権利を代弁すべきは弁護士であるが、この場合、弁護士はその役割を果たしているとは言えなかった。家族がいればまた違ったのかもしれないが、おそらくこの男性はホームレスで家族はいなかった。拘置所はあくまでも裁判の円滑な進行のために身柄を保全するのが役割であって、検察官に何か意見を言う立場にはなかった。医者とても同様である。決して誰かが職務怠慢だったわけではないが、この男性は社会の中で宙ぶらりんになり、誰からも関心の外に置かれていたのだと思う。あれからずいぶん時間がたったが、私はこの男性のことが忘れられないでいる。

拘置所は未決の人を収容している施設であるが、刑が確定しているにもかかわらず拘置所にいる人たちがいる。死刑囚である。死刑は死刑になることが刑の執行なので、刑務所では行われない。死刑は拘置所で執行される。私が勤めていた拘置所にも死刑囚がいた。

死刑の執行は、死刑判決が出てからすぐ行われるわけではない。かなり個人差がある。この個人差がどこから生じてくるのかについて、私の知るかぎり明確な説明は行われていない。附属池田小学校事件の宅間守死刑囚のように死刑判決後すぐに刑が執行された例もあれば、一部の死刑囚のように数十年刑が執行されず、拘置所の中で、あるいは外部の医療機関や医療刑務所に移送されて病死する例もある。

私は何人かの死刑囚を診察した。ある死刑囚は周囲の話しかけにほとんど応答しなかった。時々小さな声で独語をしていた。出された食事は残さず食べていた。入浴を拒否していたため異臭がした。年齢から考えて認知症の可能性は低いと思ったが、これが統合失調症の症状なのか、それとも拘禁反応なのか、死刑判決を受けて、絶望と恐怖のあまり心理的に反応をしているのか、見当がつかなかった。刑務官の中には「あれは詐病です」と言い切る人もいた。この人は死刑執行を告知されたら取り乱すのか、それともなんの反応もせず今の状態のままで受け入れるのか、その男性を見ながら考えていた。一方で、精神的に安定しているように見える死刑囚もいた。こうした死刑囚は精神科医の診察に来ることはないので日常的な接点はないのだが、たまたま当直のときに風邪症状があって短い診察をしたのだった。折り目正しい青年だった。「いつもああです」と刑務官の一人が言った。同じ死刑囚という立場でもこれほどの違いがどうして生ずるのかはわからない。あるいはそもそもの人柄が違っているのかもしれない。

私は個人的には死刑制度に反対である。ありきたりだが、どのような理由であれ、誰かが（国家が）誰かを（国民を）殺すことを正当化できないと考えるからであり、冤罪の可能性も否定できないからである。欧米で死刑が廃止されているのは、人道上の問題だけでなく、死刑の犯罪抑止効果に批判的な研究が多いという事実も踏まえてのことである。日本で殺人事件が少ないのは死刑制度があるからだ、という趣旨の発言を聞いたことがあるが、死刑制度があっても殺人事件が頻発している国は数多くある。第二次世界大戦後、わが国の死刑制度自体はずっと変わっていないのに殺人事件が減少しているのは、死刑制度の有無だけで殺人事件数が決まるわけではないことを示している。また、現実に目を向けると、支援者や支援団体がいる死刑囚は多くの場合死刑執行が行われにくく、無名の死刑囚ほど執行されやすいという現実にも不条理なものを感じている。

欧米の大多数の国が死刑を廃止しているのに、日本では死刑が廃止になりそうにない。諸々のアンケートの結果は、国民の大多数が死刑存続を支持していることを示している。交通事故の加害者も含めて、意図的か過失かを問わず、結果的に加害者になった人に厳罰を加えることを国民の多数が支持しているということなのだろうか。

刑罰をめぐるこの数十年の大きな変化の一つは被害者の発言力が増したことである。このこと自体、異論を唱える者はいないだろう。ふりかえってみれば、これまで被害者がなんの発言力も持たなかったのはおかしなことであった。被害者の立場にたってみれば厳罰は当然で、死刑廃止論者は加害者の人権ばかりを重視しているという意見がある。確かにある個人が大きな被害を受けた場合、当事者や家族が加害者に極刑を求めるのは当然と言えば当然だろう。そのことに異を唱えるつもりはない。私が被害者の立場にたったらそれを求めるかもしれない。だが、当事者でも家族でもない大多数の国民が、報道やインターネットの情報だけに基づいて被害者と自分を同一視して極刑を求めるのは理性的な反応だとは思えない。重大な少年犯罪の弁護を引き受けた人が激しい攻撃に晒されるのを見ると、適正な司法制度が破壊される危機感すら覚える。

私たちはいつ犯罪の被害者になるのかわからず、確かに被害者の痛みや苦悩は他人事ではない。しかし、一方で、どんなに努力しても加害者やその親族になる可能性も否定できないのである。これも同じように他人事ではないと私には思える。

死刑の対象になるのは殺人罪である。わが国の殺人事件数は年々減少している。殺人にかぎらず一般の粗暴犯・凶悪犯も減少している。少年犯罪もまた減少の一途をたどり、収容される少年が減ったために少年院は統廃合されている。しかし、いわゆる体感治安は悪化の一途をたどっているようである。そのためもあってか、街中は夜も街灯で明るくなり、至るところに監視カメラが設置されている。監視カメラが至るところに置かれるのは、いいことばかりではないような気がするが、国民の治安への不安がそれだけ強いということなのだろう。

死刑を廃止するのか、存続させるのか、これは最終的には国民が決定することである。死刑制度の存続の可否はきわめて重大な問題であり、十分な情報に基づいた冷静な議論が大前提である。新聞やテレビを含めてマスコミの報道を見ていると、残酷な事件が連日のように起こり、少年たちは凶悪化しているとしか思えない。国民の多くはこうした報道により不安を強めているようにみえる。確かに犯罪の被害にあうリスクは常にあるが、どこまで対策をとってもリスクをゼロにはできない。現状は適切な情報提供に基づいた冷静な議論が不足しているように思われてならない。

　もっとも、死刑を廃止して、絶対に釈放されることがない終身刑にすれば問題がすべて解決するかというとそう簡単ではない。拘置所に勤めていたとき、ある刑務官が出所する見込みがまったくない被収容者を処遇する大変さを述べていたことがある。釈放される可能性がない人間を処遇するのは相当に大変な仕事である。私は、その刑務官の言葉を聞きながら、刑罰は日々被収容者の処遇をしている刑務官たちの営みのうえに成り立っていることも忘れてはいけないのだと感じた。何事も単純にいかない。

精神鑑定は精神医学の華なのか

ある精神科病院に勤めていたとき、自分の子どもを虐待して殺してしまった患者の担当医になったことがある。うつ病で休職して自宅療養しており、配偶者が仕事に出ていた日中一人で子どもの世話をしていたのだが、乳児を投げたり転がしたりして弄ぶうち、子どもが死んでしまったという痛ましい事件だった。まだ児童虐待が大きな社会的関心事になっていない時代のことだった。

この患者は、うつ病で休職中だったこともあって逮捕されて拘留中に精神鑑定を受けた。鑑定医は「激越うつ病」と診断して正常な判断能力が欠如していたとの判断を下した。検事はこの意見を採用し、患者は起訴されず、裁判に付されることなく無罪になり（責任無能力）、刑罰を受けるかわりに精神科病院で治療を受けるため措置入院になった。私は措置入院先の病院でたまたま主治医になった。措置入院とは、精神保健福祉法の定めにより自傷他害のおそれが強い患者を本人や家族の同意なく強制的に入院させる制度である。

精神鑑定には通常数ヵ月から半年を要する。場合によっては複数の精神鑑定が行われることがあり年単位の時間がかかる。私がその患者に会ったのは、事件から少なく見積もっても数ヵ月はたってからのことだったと思う。入院したとき、患者はすでに精神的に落ち着いていて、うつ病の症状と言えるものはほとんどなかった。入院前に収容されていた施設（拘置所か病院のいずれか）では投薬がほとんど行われていなかった。先にも述べたが措置入院の要件は「自傷他害のおそれ」があることだが、入院してきた時点でこの患者にはどちらのおそれもないように感じられた。殺人を犯しての措置入院だったこともあり、当初は閉鎖病棟での治療から始めたが、ほどなく開放病棟に移り院外への外出もするようになった。患者は自分が置かれている状況をそれなりに理解しており脱院する可能性はないと思われた。やがて患者は自分の病気はもう治ったので退院して家族と暮らしたいと希望するようになった。これは自然と言えば自然な希望なのかもしれなかった。患者は無罪であり、病気の症状もないのだから、どこかに強制的に措置されるいわれはない。

一方、これも当然のことながら家族は受け入れを拒んだ。自分の子どもを殺害された配偶者は患者を恨んでおり、結婚生活を続ける意思はないとはっきり話した。夫婦間で、時には担当医の私も交えて、数回の話し合いがもたれたが、対話は常に平行線だった。結局、患者は自分の親元に退院していった。その後、外来に来ることもなかったので、この夫婦が離婚したのかどうかも含め、私は患者のその後を一切知らない。

日本の刑法はいわゆる責任主義をとっており、法に触れる行為をした時点で、善悪の是非が判断できなかったか、衝動を制御する能力を欠いていた場合、その行為の法的責任を問わないことになっている（刑法三九条）。この状態を「心神喪失」と言い責任無能力とされる。統合失調症の幻覚妄想状態で命令幻聴に従って誰かを傷つけてしまった場合や進行した認知症患者が介護に抵抗して暴力を振るってしまった場合などがわかりやすい例として挙げられる。そこまで顕著ではないが、善悪の是非の判断能力や衝動制御能力が減衰していた場合は、「心神耗弱」とされ限定責任能力とされて減刑の対象となる。こうした精神状態を評価するのが精神鑑定であり、一般に精神科医が委嘱を受ける。

精神鑑定は「犯行の時点」での精神状態を評価するものである。したがって、事件後数ヵ月を経て入院してきた患者に精神症状がなかったからといって、この精神鑑定が不適切だったとは言えない。ただ、患者にはあまりにも症状がなさすぎたので、私は思い切って鑑定医に精神鑑定書を読ませて欲しいと希望する手紙を書いた。鑑定医は治療の役に立つならと応えてくれた。誠実な対応だと感じた。
送られてきた精神鑑定書は立派な内容のものだった。患者が激越うつ病に罹患しており、そのために子どもを虐待して死に至らしめるまでの経過が説得的に記載されていた。確かに、なんら反社会的な傾向のなかった人間が子どもを虐待死させたのは、なんらかの精神疾患が介在していると考える方がわかりやすい。しかし、事件から数ヵ月後とはいえ、精神症状をほとんど認めず、罪悪感もほとんど抱いていないように感じられ、何事もなかったかのように早くもとの家庭生活を再開したいと訴える患者に接していると本当に「心神喪失－責任無能力－無罪」でよいのか、という疑問を抱かざるをえなかったのも事実である。主治医である自分の役割は患者を治療して社会復帰してもらうことであるのは承知していたが、何か割り切れない感情を持ちつづけていた。

拘置所には精神鑑定を受けるために拘置されている人たちもいる。刑事事件で責任能力があるかどうかを専門家が判断するために面接や心理検査を行う。一般に正式な精神鑑定には最低でも数ヵ月を要するため、警察の留置所にいたままで鑑定を行うのは難しい。精神科病床で鑑定が行われる場合もあるが、逃走のリスク等の理由から拘置所に鑑定留置される場合も少なくない。したがって、拘置所には起訴される前に鑑定留置されている人と、すでに起訴されて裁判が始まっており裁判の過程で精神鑑定が行われている人とがいる。精神鑑定の結果次第で、そもそも起訴すらされず無罪になることもあれば、精神症状の影響を一切認められず、完全責任能力とされることもある。精神鑑定を受けている場合、たいていは犯行事実自体は争われていないので、精神状態の評価が刑罰の重さに直結することになる。著しく錯乱していて何が自分に有利か不利かの判断がまったくできない人を除けば、精神鑑定の結果が自分に有利になることを望むのは人情というものであろう。

拘置所で精神鑑定を受けている人の中には、精神的な混乱が著しくて、これはどう見ても刑事責任能力を問うのは難しいだろうと感じさせる人もいた。ただ、精神鑑定はあくまでもその事件当時の精神状態を評価するのであって、拘置所で鑑定を受けている時点ですこぶる健康であったとしても心神喪失・心神耗弱になることがあるし、逆に拘置所では錯乱していても責任能力ありという鑑定になることもありうる。とはいえ鑑定人の印象が面接をしている相手の様子に左右されることがないと言えば嘘になるだろう。精神障害の種類にもよるが、たとえば統合失調症や双極性障害であれば、面接時の様子が著しく混乱していれば事件当時も混乱していた可能性が十分あると考えやすいのが道理である。

拘置所に勤務していたときに印象に残った女性被収容者がいた。何の罪の疑いで拘留あるいは起訴されていたのか忘れてしまったが、上品な感じの中年女性だった。精神疾患があるようには見えなかったが精神鑑定を受けていた。その女性の処遇について、あるとき刑務官から相談を受けた。その女性が時々「錯乱する」のをなんとかできないかというのである。普段は落ち着いていて拘置所の規則に従い淡々と生活している上品な女性が、時々喚き散らしたり、叫んだり、壁を叩いたりするのだという。刑務官の見るところ、それは精神鑑定のための面接が行われる前の数日にかぎっている。面接の前の晩や当日は特にひどいが、自分にはわざとやっているとしか見えないとこぼすのである。「鑑定が終わったらけろっとして落ち着いているんですよ」「まったく腹が立つ」と言う。そんなことがあるのか、と思ったが、とにかく一回会ってどうにか言ってくれというので面接した。「時々、ひどく落ち着かなくなってしまうようですが」「何か負担になっていることがあるのですか」などできるだけ温和に、しかし率直に尋ねてみた。女性は慎重に一つ一つ言葉を選びながら「そう言われるのですが、私は何も覚えていないんです」と答えた。そのまま受け取れば、その女性は解離状態になっており、そのため記憶がないことになる。解離は強い恐怖や不安を感じたときに起こる現象で、精神が現実に耐えられないことから起こるとされている。いわば無意識的に起こる反応で、本人はその間の記憶を原則として持っていない。担当の刑務官は「あれはわざとやってるんですよ」と主張した。わざとやっているとすれば、それは詐病である。詐病は意識的・意図的に病気を演じてなんらかの利益を得る（疾病利得）ことを目的としている。この場合、精神鑑定で精神疾患に罹患していると鑑定されることで無罪あるいは減刑を勝ち取ることが目的になる。このように解離と詐病はその本質において性格を異にしているが、外側から眺めたとき、両者を区別するのはかなり難しいことがある。

「精神鑑定で評価するのは事件のときの精神状態だから、今具合が悪いふりをしても意味がないのでは」と聞くと刑務官は「そうは言っても、目の前で錯乱されれば、お医者さんは事件のときも錯乱していた可能性が高いと思うでしょう?」と言う。確かにまったく落ち着き払われているより、事件から数カ月たっていても錯乱している様子だと判断能力や衝動制御能力が損なわれていたと考えやすくなるかもしれない。「まったく鑑定なんてちょろいもんですよ」「医者をだますなんて簡単でしょう」と医者の私を前にしてうっぷんを吐き出すかのようにしゃべりつづけた。これは私の日々の診察に付き添っていて感じていることでもあったのかもしれないが、精神鑑定についてはよほど腹に据えかねていたのか、怒りが収まらない感じだった。「精神鑑定の前になるとひどく緊張して取り乱すのでは」「取り乱すなら鑑定のときだけでいいわけだから数日前からというのはおかしいのでは」と問うと「その場だけだとさすがにバツが悪いんでしょう」とのことだった。精神鑑定の面接はいつ行われるか本人にはわかっていないこともあるはずだが「突然呼ばれたときは、鑑定を受けに行く廊下で錯乱が始まりましたよ」とのことだった。刑務官の確信は確固としており、何を言っても揺るがない。「私らに聞いてくれれば、本当の様子を教えてあげるのに」とも言う。「これほど極端なのは珍しいけど、たいてい鑑定に来ると大なり小なり演技してますよ」とのことである。そうかもしれないと私は思った。そういう行動のすべてが演技とは言えないだろうが、自分に有利な鑑定を得たいと考えるのは自然と言えば自然な感情である。

もっとも鑑定医が刑務官から情報を得ようとするのは現実的にはなかなか難しいだろう。刑務官の仕事は鑑定のための情報を提供することではないし、刑務官の提供する情報にバイアスがないという保証はない。とはいえ「月に一回か二回きて、ちょろっと話して何がわかるんですかね」「こっちは二四時間一緒にいるんですよ」と言われると反論が難しい。これは病院勤めのころ、治療方針をめぐる議論で病棟に詰めている看護師からいつも言われていた台詞と同じである。看護師の意に沿わない指示を出そうとすると「私たちはずっと一緒にいるんです」「先生は時々来て少し面接するだけじゃないですか」と言われていた。同じ構造である。

後日、私が女性の拘置されている部署の廊下を歩いていると、その女性とすれ違った。普段と違って髪がやけに乱れており、顔には泣いた跡があった。私と目が会うと、心なしかバツが悪そうな恥ずかしそうな表情を浮かべて視線をそらした。後にそれは精神鑑定の面接を終えて自室に戻る途中だったということがわかった。その女性がその後どのような経過をたどったのかは知らない。精神鑑定という言葉に触れるとなぜか思い出す女性である。


これと対照的な経験もした。医療刑務所に勤めていたとき、若い受刑者が一般刑務所から送致されてきた。明らかな統合失調症患者だった。彼は傷害罪で受刑していた。知的能力も低い印象だったが、知能検査が施行できる精神状態ではなかった。これまでに聴取されている生活史をたどり病歴を確認した。中学時代から不登校。高校に入ったがすぐに中退。その後、ひきこもりがちな生活をしており一切就労していない。高校生のときに親に連れられて精神科を受診して統合失調症と診断されたらしいが通院継続していない。ずっと親と同居していたが親も高齢化して生活が苦しくなったのだろうか、窃盗で何回か逮捕され過去にも一度受刑している。今回はスーパーで万引きしようとして店員に見つかり、揉み合いになって店員にけがをさせ傷害事件として起訴された。幻覚を体験しているようであり総じて被害的だったが、目立ったのはむしろ意欲低下や感情の平板化といったいわゆる陰性症状であり、確認できた病歴と合わせて発病後かなりの年月が経過していると思われた。

この受刑者が精神鑑定を受けたかどうか、本人にいろいろ確認し、書類も調べてみたが、どうやら精神鑑定は受けていないようだった。ありふれた傷害事件だからなのか、弁護士が熱心に弁護しなかったからなのか、事件当時すでに重症の統合失調症患者であったと推定され、どう考えてもこの受刑者に責任能力が問えるとは思えなかった。判決文を読むと自分の行為を反省しなさい、といった趣旨のことが書いてあったが、反省という行為自体が難しいように思えた。そもそも自分がどこにいるのかよくわかっていないようでもあり、しばしばここにいたくないと言って突然走り出した。刑務官の中には逃走を企てたとして懲罰を課すべきだと主張する人もいたが、刑務官に取り囲まれているのになんの計画性もなく突然走り出すので逃げられる可能性は皆無だった。私にはこれほど重症の患者を受刑させてもほとんど意義はないとしか思えなかった。こういう患者こそ責任無能力として司法で裁くのではなく医療的な環境下で治療すべきだと思った。

似たような例はいくつでも挙げることができる。ある傷害事件で受刑していた統合失調症の患者はきわめて強い幻聴に悩まされていた。はっきりと行動を指示する命令幻聴があり、傷害事件もこの幻聴に従ったことから起きたらしい。本人の説明に嘘はないように思われた。患者は治療に積極的で抗精神病薬を相応の量服薬し、さらに本人の同意を得て電気けいれん療法まで行ったが幻聴の強さと内容に変化がなかった。この患者は陰性症状が目立たず、とにかく幻聴が強く、そのためしばしば苦しそうな表情を浮かべていた。この患者もまた精神鑑定を受けていなかった。

地獄の沙汰も金次第と言うが、裁判の沙汰もそういう側面があると思わざるをえなかった。有能な、あるいは被疑者の精神状態にきちんと関心を払う弁護士であれば精神鑑定を受ける機会に恵まれていただろう。やる気のない国選弁護人はそれすらしないだろう。あるいはマスメディアを賑わすような事件であれば、検事や裁判官も慎重に精神鑑定を行おうとするが、「ありふれた事件」だと手間暇かけて費用もかかる精神鑑定は省かれがちである。

しかし、刑法三九条をきちんと運用するのであれば、本件犯罪の大小ではなく、被疑者の精神状態の評価こそが重要である。もっと公平な運用がなされるべきだと思われてならない。

私がもっとも敬愛する精神科医である笠原嘉氏は、ある著書の中で「精神鑑定とパトグラフィーは精神医学の華である」と書いている。私は若い時代にこの文章に触れ、笠原氏が精神鑑定とパトグラフィーを精神医学の応用編中の応用編と評価し、安易に近づけない価値あるものとして敬意を表しているのだと受け止めていた。そして、自分もいずれ難しい精神鑑定やパトグラフィーを書いてみたい、書けるようになる時期がくるのだろうか、などと憧れに近い感情を抱いていた。しかし、ある学会で臨床心理学者の河合隼雄氏が笠原氏のこの記述に触れ、「笠原先生は皮肉な方ですから、華は華でもあだ花という意味かもしれませんな」と発言したのを聞いて仰天した。そして、やがてその通りに違いないと考えるようになった。旧帝国大学医学部の精神科主任教授という職位にありながら臨床的な観点から研究や教育に注力された笠原氏からすれば、精神鑑定やパトグラフィーはどこか空疎で実態のないものに感じられていたのかもしれない。立場上、重大事件の精神鑑定をいくつもされたに相違ないが、笠原氏が精神鑑定について語られたのを私は聞いたことがない。また、あれほど文学や哲学に造詣の深い笠原氏がパトグラフィーに関心がないはずがないが、その関連の論考がないのは何か思うところがあったからだろう。それにしても笠原・河合という京都人の風刺のきいた皮肉は、福岡で育ち大学からずっと東京を離れなかった自分にはついに理解できなかった。私は笠原氏ときわめて近かった藤縄昭氏から直接の指導を長く受ける機会があったが、藤縄氏からも褒められているのか貶されているのかわかりにくい京都風コメントが時々発せられていたことを思い出す。

それはさておき、河合隼雄氏の講演を聞いてからずいぶんたったころ、ある研究会だか学会だかのパーティで笠原氏と少しお話しをする機会があった。私は精神鑑定とパトグラフィーに関する氏の文章に触れ、河合氏のコメントを伝えて「あだ花という意味でしょうか？」と尋ねてみた。その質問に対する笠原氏の答えは「はあ、そんなことを書きましたかな」というものだった。こんな野暮な質問をしてはいけないのである。

精神鑑定について私の印象に残っているもう一つの発言は、ある友人によるものである。ずいぶん前のことになるが、ある雑誌で矯正医療に焦点をあてた司法精神医学の座談会を企画してくれたことがあった。そこで精神鑑定の話題になったとき、その友人が「精神鑑定は裁判のアクセサリーのようなものだ」と言い切ったのである。この発言の趣旨は、判決において必ずしも精神鑑定が尊重されるとはかぎらず、裁判官も検事も結局は自分の判断を優先させているというものだった。晴れやかなパーティにアクセサリーもせず参加するのはマナー違反であるのと同様、精神障害が疑われる刑事事件に精神鑑定は必須のアイテムである。したがって精神鑑定は裁判を彩るアクセサリーとして必要なものだが、あくまでアクセサリーであってそれ以上のものではない。司法判断は検事や裁判官が行うもので、精神科医は精神医学的な評価を行うにすぎない。あるいは検事や裁判官は自分の意見を補強するために精神鑑定を活用するにすぎない。事実、どの学問分野にもあることだが、この先生に意見を聞けばこういう判断が返ってくるという予見のもとに精神鑑定が依頼されることが少なくない。ある精神科医はたいていの場合、責任能力を認める鑑定書を書き、ある精神科医は責任無能力ないし限定責任能力という鑑定書を書くことが多い。前者の精神科医は検察とよい関係にあり、後者の精神科医は刑事事件を扱う弁護士と親しくなる。

はじめに書いた精神科病院に私が常勤医として勤めていた期間はそれほど長くなかったが、殺人をして措置入院になった患者数名の担当医になった。その多くは統合失調症患者であった。開放病棟で穏やかに過ごしている患者もいたが、すでに引き取る親族もなく、また患者自身も退院したいという希望を示すこともなく毎日を平和に過ごしていた。これらの患者は、刑務所に行くより長い期間を閉鎖的な環境で過ごすことになったとも言える。刑務所には刑期があるが、措置入院に期間は定められておらず、冒頭の患者のように数ヵ月で退院する人もいれば、生涯を病院で過ごす人もいる。私が担当した患者の多くはすでに措置入院になってから長い期間を経ており、陰性症状が強く少なくとも表面上は穏やかな患者が多かったが、凄まじい興奮を示す人もいないではなかった。ある若い患者は措置入院になってから三年目ぐらいだった。自身の親を殺害して逮捕されたが、精神鑑定で心神喪失とされ起訴されず措置入院になった。症状は重かったが、それなりに主治医として熱心にかかわり、治療関係はおおむね安定していると考えていた。それがある時期から私に妙に険悪な態度を示すようになり、食ってかかることが増えてきた。治療にも拒否的になり服薬を拒否することもあった。病状が悪化した理由が今一つわからなかったが、時間をかけてようやく聞き出せたのは、精神鑑定を受けた病院に入院中、自分が精神科病院に入院するとの説明を受け、「どれぐらい入院することになるのか」と質問したところ、ある医師が「三年ぐらいかな」と答えたというのである。その三年が過ぎようとしているのに担当医である私は自分を退院させようとしない。そのことが私に怒っている理由だった。その患者は私が退院させない理由をあれこれと考え、私が親の生命保険金を自分のものにしようとしているのではないか、自宅に自分のフィアンセ（ある有名な女優だった）が待っているので私が嫉妬して退院させず妨害しているのではないか、などと妄想を形成していることがわかった。鑑定中の病院の医師が「三年で退院できる」と本当に言ったとは思えない。ただ一つのめどとして三年という数字を挙げたのだろう。私は何気ない一言が後の治療に大きな影響を与えることがあることを実感した。無責任な予測を口にするべきではない。まして自分が治療に携わらないならなおのことである。

私が精神鑑定の勉強や実地をそれほど熱心にやらずにきたのは、機会に恵まれなかったこともあるが、精神鑑定のおぼつかなさを感じることが多かったことも関係している。そもそも精神鑑定は被疑者によって機会が与えられるかどうかがばらつきすぎていて不公平であり、ごく一部の人間を対象とする営みの技術を精緻にしていくことに労力を費やす気になれなかったということもある。繰り返しになるが、刑務所で診察していると「どうしてこの人が精神鑑定を受ける機会がなかったのだろうか」と心底疑問に思うことが少なくないのである。そもそも公平な配分が行われていない作業をいくら精緻にしていっても、その意義に限界があるように思われてならなかったのである。まず精神障害が疑われる被疑者の司法手続きや処遇が標準化されないと空しいと感じていたのである。その想いは今も変わらない。

とはいえ、精神鑑定が無意味だというつもりは毛頭ない。今も多くの精神鑑定が各地で行われており、起訴や裁判の過程に影響を与えている。おしゃれは社会生活に必要であり、アクセサリーは必要不可欠である、というと皮肉になってしまうだろうか。アクセサリーがその人の印象を決定づけることも少なくない。たまたま読む機会があった精神鑑定書の中にはあまりに杜撰だと感じられるものもあった。これでは優秀な検事や裁判官たちが精神科医の意見より自分の判断を優先しようと考えるのが当然だろう。精神鑑定の技術を標準化して精度を高めていく努力に意義がないというつもりはない。確かに精神鑑定は精神医学の華であるとも思う。あだ花にならないようにしなくてはならない。

不注意と落ち着きのなさと寛容さと

その少年は、とにかくおしゃべりで落ち着きがなかった。椅子に座っていてもいつも貧乏ゆすりをしており、身体のどこか一部がたえず動いていた。気のいい陽気な少年なのだが、気が短く、些細なことで腹を立て爆発した。いったんかんしゃくを起こすとなかなか静まらないのも周囲を悩ませたが、何かの拍子ですっと機嫌がよくなった。総じて法務教官の言うことには反抗的だったが、心酔している一部の職員の指示にはよく従った。

あるとき、少年どうしで喧嘩になり、教官に仲裁されても激しく抵抗し、ついに隔離室に収容されることになった。たいていは個室に隔離されるといったんは落ち着くものだが、このときは興奮が収まらず、やがて隔離室の壁に頭から突進しはじめた。隔離室はモニターで観察できるのだが、二度三度と頭を打ちつけるうちどうやら頭から出血してきたらしかった。私たちは急いで部屋の中に入った。本人は自分の頭から血が流れ出ているのがわかると、驚いたような顔をして流れる血を拭いながら「いてえ」と言った。幸い頭皮の傷はそう深いものではなかった。私は消毒してガーゼで傷口を抑えながら「どうしたのか」と尋ねた。その少年は、他の少年と喧嘩になったいきさつを語り、相手が悪いのに自分が隔離室に入れられたのに腹が立ち、収まらず頭をぶつけたのだという。

「ああいうのは鉄砲玉になりやすいんですよ」とある法務教官が教えてくれた。聞けば鉄砲玉とは、「よし、おまえ行ってこい」「男になってこい」などと言われて抗争相手に突撃する組員を言うらしい。暴力団にかぎらず、周囲からおだてられ、義侠心にかられたり意気に感じたりして、結果的に損な役回りをしてしまう人はいるものだ。この少年にはそんな未来が待ち受けているのか、ありそうなことだが気の毒だ、などと考えながら医局に戻った。

男子寮で起こったこの事件を精神科の同僚に話していると、「そういうのはシュナイダーの発揚者というのに当てはまるね」と言われた。同じ現象でも法務教官と精神科医ではずいぶん表現が違うものだと妙な感心をしながら説明を聞いた。クルト・シュナイダーはドイツの有名な精神科医で、カール・ヤスパースのあとを引き継いでドイツの記述的精神病理学を発展させた人である。現代精神医学にも大きな影響を残しているが、その業績の一つに現代で言うパーソナリティ障害に関する理論がある。現代のパーソナリティ障害を当時は精神病質と呼んだが、シュナイダーは平均的なパーソナリティからの逸脱を異常パーソナリティ（異常人格）と定義し、異常パーソナリティの中で「その異常性のために本人が苦しむか、周囲が苦しむ」ものをパーソナリティ障害（精神病質）と定義した。名称こそ精神病質からパーソナリティ障害へと変更されたが、精神医学が対象とするパーソナリティ上の障害をこのように定義する考え方自体は今も昔もそう変化していない。そのうえでシュナイダーはいくつかの精神病質の類型を抽出したのだが、そのうちの一つが発揚者である。シュナイダーの記述を引用する。

「発揚者ないし活動性精神病質者と呼ばれるのは、快活な基礎気分、生き生きした（多血質）気質と一種の活動性を備えたような人格の極端化した場合をいう」「一般に発揚者が精神病質者のうちに数えられる理由の主なものは、争いを好むことと、意志の不安定性である」「彼らはどんなことにも文句をつけずにいられないたちで、また自分に全然関係ないことにまで頭を突っ込みたがる」「よい志をたてててもすぐ忘れてしまい、苦しい経験をしても身にしみない」「勝利を盲信する自負心にかりたてられて、めくらめっぽうに突進してゆく」

私はこれを読んで唸ってしまった。あたかもその少年のことを記述しているかのように感じられたからである。シュナイダーはやはりたいしたものだと感心し、同時にある典型的なパーソナリティの逸脱（変異）は、時代と場所を超えてある程度の普遍性を持っているのだなと感じた。

私はこの少年の生育歴についての記録を読んでいて、ある記述に眼が留まった。この少年は幼いときから落ち着きがなく、幼稚園や小学校で周囲をかなり困らせていたらしい。小学校低学年のある担任教師は、少年が教室から出て行ってしまうため、自分の手と少年の手をひもで結んで授業をしていたのだという。教室から出て行ってしまうと教師は子どもを探しに行かねばならない。これでは授業が成り立たない。苦肉の策だったのだろうが尋常ではない。私は若いころ好きだったドストエフスキーの『白夜』という小説の一節を思い出したが、少女がおばあさんにつながれるのと、動き回る男子小学生を担任の教師がひもでつなぐのとではずいぶん様子が違う。

これは注意欠如多動性障害（ADHD）ではないか、という考えが頭にひらめいた。そのころ、ADHDは教育現場を中心に関心を集めつつあったので、私も多少の関心を持っていた。ただ、当時はまだ幼児期・児童期の障害というイメージが強く、小学校高学年になれば少しずつ落ち着いてくるという考えが支配的だったように思う。私もこれほどの多動性と衝動性を残している一〇代後半の少年がいるとは思っていなかった。

この少年を発揚者として精神病質の診断で治療教育していくのとADHDとして診ていくのとでは違いが出てくるのではないか、と私は考えた。精神病質であれば、まだ若いとはいえそうそう変わらないパーソナリティ上の偏りということになり、医学的治療より法務教官による矯正教

育が中心になる。一方、ADHDは発達障害であって、加齢にともない症状自体が軽減すること
が期待できるし薬物療法もありうる。発揚者という現代の診断基準に掲載されていない概念で考
えていくより、ADHDと考えて治療教育を検討していくのが合理的だと思った。

そこで、まずは法務教官にADHDについて説明して理解してもらうことから始めたが、これ
が案外難しかった。「結局性格でしょ」と言われてしまうと確かに間違っているとは言えない。生
来性の障害だと説明すると「生まれつきなら、そう簡単に変わらないでしょう」と言われる。「投
薬やカウンセリングでよくならないなら、矯正教育でやっていくしかないじゃないですか」とい
う話になる。この少年は地元で暴走族のリーダーをしており、かなり乱暴な行動をしていた。一
口にADHDと言っても、ここまで衝動性が強い少年を対象とする心理教育プログラムを提案で
きないのが事実だった。結局、発揚者と診断しようが、ADHDと診断しようが、大きな違いは
ないのかもしれなかった。精神科医にできるのは、ADHDと診断できる少年であることを伝え、
法務教官にその特性を踏まえた矯正教育を行ってもらうことに尽きるようだと思った。

どういう対応ができるのかはさておき、医療少年院にはADHDと診断できる少年少女たちが
いるのではないか、そういう眼で見ていくと少なくない少年少女が診断基準に該当するように思
われた。海外の文献を調べてみると、一九八〇年代にアメリカでADHDと素行障害（少年非行）

との関係を指摘する論文が数多く出ていることがわかった。なかには素行障害の子どもはみなADHDだという趣旨の論文もあった。これはあまりにも極端でとうてい受け入れられないが、（精度に問題があるとはいえ）データに基づいて検討しようとすること自体は意義があると思えた。日本では、ADHDと少年非行との関係は、その特性である衝動性や多動性から非行が行われるというより、ADHDであるゆえに養育者との関係がこじれたり、学校に不適応になったり、自己評価が低くなったりという二次的な要因により非行に至るという主張がなされることが多かった。

こうした議論に結論を出すのは難しいが、落ち着きがない印象が強い少年少女たちの中には、比較的早くから非行が始まっており、いわゆる崩壊家族ではないにもかかわらず保護者との関係が芳しくなく、幼稚園・保育園・学校への適応が悪かったという経過をたどっている事例が少なくなかった。これは養育者からみて育てにくい子どもであったことを示唆しているのかもしれない。診断が変わったからといって、ただちに特効薬が出てくるわけではないにせよ、こうした観点から少年非行を見ていくことはかなり重要だろうと考えた。ちょうどそのころ、いくつかの少年院からADHD特性を持つ非行少年を対象とする矯正教育の報告が出されるようになっていた。あれから二〇年以上がたち、ADHDの人の認知機能の特徴に関する研究も進み、治療教育の方法論も一定の進歩をとげた。それが矯正教育にも生かされるようになっていると思われる。

私がＡＤＨＤに関心を持った一つの理由は、医療少年院での臨床経験を積むうちに、自分自身がそうした傾向を色濃く持っていることに気づいたからである。私は小学校低学年を横浜で過ごしたが、特に一、二年生のころ、授業中席にずっと座っていられない子どもだった。さすがに教室の外に出て行くことはなかったように思うが、授業中席を離れて教室の一番後ろの空間に行き、野球の一人遊びをしていた記憶がある。私は野球が大好きな少年だった。ピッチャー投げました、と投球フォームをして球を投げる真似をし、移動して今度はキャッチャーになってボールを受ける。時にはバッターになってスイングし、打球を追う野手にもなる。このとき、自分は声を出していたのかどうか、覚えていない。思い返せば尋常でない行動である。

これをやっていたのは一回や二回ではないが、どういうわけだかこの行動を担任の教師から叱られた記憶がない。おそらく叱られたが、何も応えなかったのだろう。そして、やがて叱っても直らないので放置されていたのだろう。幸いにも私は試験の成績がいい生徒だった。しかし、これ以外のことでは、初老の担任の女性教師からずいぶん叱られた。毎日のように叱られ、学校に行くのが嫌になっていた。私はなぜ自分がこれほど叱られるのかがわからなかった。だが、教師の立場からすれば、他の生徒が座席について授業を聞いている間、突如席を離れて、教室の後方で野球の真似事をしている生徒の存在はたまらない。落ち着きを欠いた行動は、授業中だけでなく、ここかしこに表れていただろうから、担任を悩ませていたに相違ない。他の生徒からもどう見えていたのだろうか。そんなことを自分は何も考えなかったが、さぞかし奇異に映っていただろう。私はじっとしていられなかったのである。

私が小学三年生のときに私の家族は九州の地方都市に転居した。転校先は山の麓にある小さな小学校で、それまでいた横浜の学校に比べてずいぶんのんびりした雰囲気だった。子ども心に、授業中ずいぶん騒がしいなと感じた記憶がある。この転校は、たぶん私には幸運をもたらした。あのまま横浜で進級していたら、私はもっと目立った存在になり、いよいよ適応に苦しんだ可能性が高いからである。

人生をふりかえれば、こうしたＡＤＨＤ傾向はあちこちに顔を出している。その中で人生に大きな負の影響を与えてしまった事件が高校時代にあった。私が入学したのは長い伝統を誇る公立高校だった。入学して一週間したころだっただろうか、一年生全員が講堂に集められ、これからしばらく昼休みなしで応援練習をやると言い渡された。応援団の上級生の指揮のもと校歌や応援歌を練習させられた。私は運動が好きで運動部に所属していたが、応援団にかぎらず、号令の下動くのはあまり好みではなかった。集団行動が苦手なのである。同級生たちも応援練習を強制され、昼休みを取り上げられる不満を言い合っていた。

この応援練習が始まって三日目ぐらいだっただろうか、いきなり応援団長が「やめろ」「全員座れ」と命令した。詳しくは覚えていないのだが、一年生のやる気のなさをひとしきり叱ったあと、

「やりたくない奴は立て」と叫んだ。私は反射的に立っていた。「あれだけ不平不満を言っていたからみんなも立つだろう」「嫌ならこの練習を免除されるかもしれない」という浅はかな考えが瞬間的に頭の中に浮かんでいた。ところが、五百人弱の一年生のうち、起立したのは私も含め二名だけだった。われわれ二名は残りの学生の前に立たされ、なぜやりたくないかの説明を求められた。のちに友人になったもう一人の学生は、私たちが練習している校歌の歌詞が納得できないという趣旨の発言をした。確かに古い歌詞であり、戦前の価値観を反映していた。一方、私はただ嫌なだけだった。それ以上何も説明できない。

そこからは応援団だけでなく、あれほど練習に不平不満を言い合っていた同学年の学生たちからの攻撃が始まった。二名VS.同学年の五百名弱+応援団の上級生四、五名である。私は少々驚いた。そして同学年の学生たちに不信感を持った。もっとも、この事件が私にもたらした本当の意味での「後遺症」は、圧倒的多数の同学年の学生からの批判や罵声に「怯んだ自分」を感じたことにあった。私には自分も他人も信じられないという感覚が残った。

憧れて入学した高校生活の初めにこうしたつまづきを経験したのは不幸なことだった。私はこの高校に最後まで馴染めずに終わった。在学期間中に数名友人ができたが、心の中のしこりはついになくならなかった。一人で行動することが多くなり、哲学書などに親しむようになった。一方で、遅刻・早退・欠席が多く、学業成績は最底辺だった。学校に行かず街をふらふらしていたことも少なくない。何かきっかけがあれば、私は不登校になり、非行に走っていたかもしれない。医療少年院に勤めはじめたころ、自分の一〇代後半を思い出し、ほんのわずかな何かが変わっていたら向こう側の椅子に自分が座っていても不思議はなかったな、と感じたことをよく覚えている。

精神科医になった今ふりかえれば、あれは軽いうつ状態だったと思う。自分は離人感に悩まされ、何をしても楽しめなかった。高校を卒業する時期が近づいてきて、私はかなり困っていた。社会に出る自信はないので大学に進学するしかなかったが、何をどうしたらよいのか見当がつかない。当時の自分は、「いわゆる客観的真理を発見したところで、それが何の役に立つのか」というキルケゴールの日記の一節に触れて、哲学への関心を抱いていた。ただ、自信をまったく失っていたし、哲学などというものは、高尚な人間がやるもので自分には無理だと感じていた。

救いはまったく偶然に訪れた。高校三年生の秋、たまたま父親が買ってきていた『文藝春秋』をめくっていたら、小林勇という編集者が「人間を書きたい」というシリーズもので哲学者の三木清のことを書いていた。三木清は西田幾多郎の愛弟子で、私も名前だけは知っていた。小林氏の文章には、三木清が決して高尚な人格者としてではなく、きわめて人間臭く描かれていた。これを読んで、自分も哲学をやってよさそうだ、大学へ行って哲学を勉強すれば何かわかるかもしれない、と高校三年の冬になってようやく方向が見えてきた。

高校を離れて浪人生活に入ると気分がずいぶん楽になった。浪人時代は友人にも恵まれた。一人の親しい友人の存在がいかに強い支えになるかを実感したし、今でも思い出すことができる。そして一年後に入学した大学での教養課程の二年間は、自分の人生でとても楽しかった時期の一つになった。とはいえ屈折したものはその後も長く残りつづけた。今からふりかえると、このエピソードはADHDの症状のために不利な行動をしてしまい、その結果周囲に馴染めず抑うつ的になったという経過としてまとめることができる。ADHDの人が二次的に抑うつ的になることはよく知られているが、自分もそうした体験をしたのだと思う。

周囲が立つかどうかを見究めようともせず、やおら立ち上がった自分の行動は、高校生としては多分に衝動的だった。あのとき、すぐに立ち上がらず、周囲を見渡して行動していたら、自分の人生は違ったものになったように思う。立つこと自体はいいのだが、もうちょっと考えてから立つ方がよかったのである。その後の自分の人生は不幸の連続だったとは言えず、むしろ幸運に恵まれたというべきだと思っているが、今でもあの瞬間に戻って人生をやり直したいと考えることがある。

これ以外にも、ふりかえれば自分が不注意や多動性や衝動性のために、しなくてよい苦労や失敗をしたこと、危うい橋を渡ったことは数々ある。そもそも大学入学以来、哲学・心理学・精神医学と専門を次々変えたのも落ち着きのなさの表れだし、医師になってからも転職を繰り返している。医学博士を取得した学位論文は少年非行に関連するテーマで執筆したが、一〇年後には高齢受刑者が研究対象になった。世の中には、一貫した人生を送っている人たちがいて、個人的にはそうした人たちに敬意の念を抱いている。西田幾多郎は、自分の人生を回顧して「その前半は黒板を前にして座した、その後半は黒板を背にして立った。黒板に向かって一回転をなしたといえば、それで私の伝記は尽きるのである」と退職の辞で語ったそうである。そうした単純さに憧れる。

腰を据えて何かができれば、自分にももう少しいい仕事ができたのではないかと思うことがあるが、残念ながら自分にはそうした資質はなかった。半面、いろいろな世界を覗き見ることはできたのかもしれない。若い時代には「初志貫徹」「真実一路」といった言葉が好きだったが、年をとって自分を知るようになってからは「君子は豹変す」（詩経）「脱皮しない蛇は滅ぶ」（ニーチェ）という言葉に親しみを感じるようになった。人は自分に合った生き方をするしかないとつくづく思う。

現在、ＡＤＨＤの症状の多くは成人期になっても残存すると考えられており、この診断で外来通院している患者は相当数になる。近ごろは町中の診療所にも、自分はＡＤＨＤではないかと診断と治療を求めて受診してくる人が後を絶たない。多くは職場や家庭でうまくいっていない人たちである。仕事を例にとれば、ミスを繰り返す、納期を守れない、約束を破る、時間を守れない、日中眠くて仕方ない、同時に複数の仕事を指示されると混乱する等々である。多少とも誰にでもありそうなことではあるが、たとえば単純なミスを繰り返すとどうしても同僚や上司から叱責される、叱責されることで緊張してミスが増えることもあるし、気分が落ち込む、自己評価が下がる、などのことが起こる。うつ病の症状の背後にADHDが隠れていると考えられる患者は少なくない。

もっとも成人のADHDの診断は子ども以上に難しい。どうしても成育歴の影響を受けているし、一人ひとり環境が違うので別の環境なら目立たない人が、些細なミスも許されない職場環境では目立ってしまうこともありうる。ただ、確実に診断できる人がいるのも疑う余地がない。

ある二〇代の女性会社員は、仕事でのミスがあまりに多いため、繰り返し上司に叱責され、自信を失い、気分が落ち込み眠れなくなって受診した。症状からはうつ病が疑われた。同時に、ミスの内容や仕事で時間を守れないこと、日中眠くなって居眠りをしてしまうこと、複数の仕事を与えられるとたちまち混乱すること、一つの仕事に集中するとひたすら熱中してしまいバランスを失うことなどからADHDが疑われた。どうやら幼いころからこうした傾向があったようだが、専業主婦の母親が完全に世話をすることで彼女は学校生活で破綻することはなかった。実家から名門大学に通学し、成績も優秀だった。しかし、入社した優良企業でたちまちつまづき、単純なミスの繰り返しに上司から指導を受けることが増えた。自信を失い気分が落ち込んだ。

あるとき、その女性が診察中に「足が痛い」と言う。どうしたのか尋ねると太ももをやけどしているという。理由を尋ねると、実は今朝寝坊して遅刻しそうになり、急いで着替えたが、スカートのしわが気になり、あわててスカートをはいたままアイロンをかけたのだという。看護師と確認すると確かに太ももが広範囲にやけどしている。今日一日痛かったに違いないが、我慢したのだという。幸い軽症であり感染症を起こしている様子はなかったので冷やしてガーゼをあて、翌日必ず皮膚科を受診するように指示した。なんとも愛嬌のある育ちのいい娘さんだったが、会社で戦力として働くのはかなり大変だろうと思った。

この女性には薬物療法が奏功した。彼女はかなり集中力が保たれるようになり、叱られることが大幅に減った。数年後、結婚して退職することになったと報告を受けた。

ＡＤＨＤの薬物療法について触れておきたい。

この書籍を執筆している時点で、わが国でＡＤＨＤが適応になっている薬物は四種類あり、そのうち三種は成人にも適応になっている。ＡＤＨＤの治療の中心は本人と周囲の人たちへの心理教育であり、自分の特性をいかにセルフモニターし、強みを生かし、弱みを補うかにあるが、薬物療法が一定の、あるいは相当の効果を持つことは確かである。

私が医療少年院に勤務していた当時、ＡＤＨＤの治療に用いられていた薬物はメチルフェニデート（リタリン）だけだった。これは、健康保険上はうつ病だけが適応であり、難治性のうつ病にかぎって処方されていた。メチルフェニデートは構造式が覚せい剤に似た薬物で、脳内の報酬系に作用して意欲を高めることからうつ病の治療薬として認可されていたのだった。この薬物は同時に注意中枢に作用して覚醒させることから、一部の児童精神科医によってＡＤＨＤの治療薬として使用されていた。保険外処方であり、本来不適切だが、ほかに治療薬がなかったので、激しい症状に悩んだ精神科医がやむなく処方することがあったわけである。

一方、リタリンはその性質上、気分を急激に持ち上げる作用があったためいわゆる「アッパー」の一種として乱用されることがあった。アルコールや覚せい剤に依存する人の基底にうつ病があることはつとに指摘されているが、リタリンもまたこうした人たちが依存する対象になっていた。抗うつ薬をいろいろ試したが効果がなかったため精神科医がリタリンを処方して、結果的に依存になった例も紹介されていた。「アッパー」作用を持つことを知って、自ら積極的にリタリンを求める人も少なくなかった。

私もリタリン依存の患者の主治医になったことが何回かある。そのうちの一人はたいそう重症だった。その中年男性はかなりの量のリタリンを常時服用していた。それが何かの事情で入手できなくなり、急に断薬したために猛烈な離脱症状が出現した。精神的に著しく不安定になって乱暴な行動をしたため警察に保護され、ある精神科救急病院に緊急入院し、翌日私が勤めていた精神科病院に転院してきた。入院当初は、軽く意識が濁り、簡単なやりとりはできるものの細かな対話は不能だった。全身に汗をかき、小さなけいれんをしていた。時間とともに離脱症状は軽快していき身体の状態は落ち着いてきたが、いつも服用していたリタリンがないと精神的に落ち着かず、私の顔をみると「リタリンを処方しろ」としか言わない。リタリンの断薬症状で苛立っているためなのか、それともそもそもの性格なのか、とにかく粗暴で、おとなしい統合失調症の患者をいじめたり、女性看護師に食ってかかったりと病棟の運営に大きな影響を与えた。とはいえ幻覚妄想状態にあるというわけではないので保護室に隔離するというのも難しい。そういう処置を受けないよう巧みに振る舞っていた。私は頭を抱えた。

ある朝、私がその患者がいる病棟のナースステーションに重い気持ちで行くと、数名の看護師が私を取り囲んだ。「あの患者をすぐ退院させるか、転院させるかしてください」「それができないなら保護室に収容して出さないでください」「そうしてくれないなら私たちは辞めます」「どっちを取りますか?」。受け持ち患者の具合が悪く周囲に迷惑をかけるために看護師から文句を言われたことは何度もあるが、ここまで言われたのは後にも先にもこのときだけである。

郵便はがき

料金受取人払郵便

本郷局承認

6392

差出有効期間
2025年11月
30日まで

113-8790

東京都文京区
本郷2丁目20番7号

みすず書房営業部
行

通信欄

ご意見・ご感想などお寄せください．小社ウェブサイトでご紹介させていただく場合がございます．あらかじめご了承ください．

読者カード

みすず書房の本をご購入いただき，まことにありがとうございます.

書　名

書店名

「みすず書房図書目録」最新版をご希望の方にお送りいたします.

（希望する／希望しない）

★ご希望の方は下の「ご住所」欄も必ず記入してください.

新刊・イベントなどをご案内する「みすず書房ニュースレター」(Eメール) をご希望の方にお送りいたします.

（配信を希望する／希望しない）

★ご希望の方は下の「Eメール」欄も必ず記入してください.

(ふりがな) お名前　　　　様		〒
ご住所　　都・道・府・県	市・郡	
	区	
電話　　（　　　　）		
Eメール		

ご記入いただいた個人情報は正当な目的のためにのみ使用いたします.

ありがとうございました．みすず書房ウェブサイト https://www.msz.co.jp では刊行書の詳細な書誌とともに，新刊，近刊，復刊，イベントなどさまざまなご案内を掲載しています．ぜひご利用ください.

返答に窮している私にその中の一人が「この患者はもともと公立病院で治療を受けていた人なのだから、そこに引き取ってもらってください」と言った。確かに病歴にはそう記載があるし、長くその公立病院に通っていて何度かの入院歴もあることはわかっていた。しかし、だからといって自分の病院で面倒を見きれないから引き取ってくれ、というのはあまりに情けないし筋違いである。これまた返答に窮する要求である。だが、そこにいた数名の看護師は全員一致で私に電話だけでもしろという。電話の相手は、ある公立病院に勤めるパーソナリティ障害に関して優れた業績をあげている精神科医で、私も名前だけは知っていた。こういう人に駆け出しの自分が電話で転院を頼むのは気が引けたが、致し方ない。どうせ断られるに決まっているにせよ、看護師をなだめるために電話だけでもすることにした。事情を話すと、その医者は意外なことに「いいですよ」「ああいう難しい人を引き受けるのは公立病院の役目ですから」との返答をくれた。私は正直なところ少なからず驚いた。それまで私の周囲には「面倒な患者からは距離を取るのが医者の心得だ」という雰囲気が強かったからである。この一本の電話はその後の私にかなりの影響を与えたと思う。なんらかの事情で自分が担当することになった患者は、難しいと感じてもとりあえず引き受けて全力を尽くそうと考えるようになった。ちなみに、そのとき電話した精神科医とは、その後、研究会や学会のシンポジウムでご一緒する機会もあり、今も懇意にさせていただいている。

リタリンは、二〇〇〇年代に依存薬物として大きく報道されたことがある。ほとんど診察することなく多数の患者にリタリンを処方していた医者が免許停止処分を受けたこともある。あのクリニックに行けばリタリンを処方してくれるという噂が広まり、いろいろなところからリタリンを求めて患者が集まっていたという話を聞いたことがある。リタリンは社会的な批判の対象となり、やがてリタリンを製造していた製薬会社はうつ病の適応を自ら取り下げ、リタリンの流通は止まった。

しかし、一部の精神科医はリタリンがADHDの治療薬として相応の効果があることを感じていたので、この経緯を嘆いていた。私の知人のある児童精神科医もその一人で、彼によればADHDの子どもの三分の一にはリタリンが著効し、三分の一にはそれなりに効果がある。確実にADHDと診断できる子どもに処方して依存になった例を知らないと語っていた。信頼できる友人が言うことなので、確かに困ったことだと思った。こうした問題の最善の解決策は、リタリンの適応からうつ病を外し、ADHDを適応症とすることである。当時は成人にADHDの診断をすることはまずなかったので、こうした対応をきちんととれば依存問題は解決できる。

だが、新しい適応症を作るためには改めて無作為にADHD患者と健常者にリタリンを投与して効果と副作用を確認する作業（治験）を行わなければならない。この作業にはかなりの手間と費用がかかるので、営利企業である製薬会社は、その費用を回収できる見込みがないと治験を行うことはない。しかしリタリンはかなり以前に発売されており、薬価がきわめて安い薬物だった。適応症を変えたからといってその薬物の単価を上げるのは、厚生労働省とかなり大変な交渉をしなくてはならない。製薬会社にとって、すでに社会的批判の対象となっているリタリンの治験をそうした苦労をしてまで行うメリットはない。かくしてリタリンは消えてなくなる運命をたどった。（現在は、きちんと手順を踏んでナルコレプシーと診断された場合のみ処方可能になっている）

ＡＤＨＤの治療薬が再び登場したのは、それからしばらくたってのことである。メチルフェニデートの代謝速度をゆっくりにする加工をほどこして（徐放剤として）再び使用されるようになった。リタリンとコンサータ（メチルフェニデートの徐放剤）は基本的に同じ成分の物質からできているのだが、代謝の速度がまったく違っている。薬物の効果には成分だけでなく代謝の速度が大きな影響を持つことを改めて感じる。酔うのに何時間もかかるなら誰も飲酒をしないだろう。この十数年、ベンゾジアゼピン系抗不安薬への批判が強まっているが、これらもまた代謝が早い、つまり速効性がある薬物である。服用して五～一五分程度で効果が実感できる。その意味で有効性が高いのだが、そうした薬物はしばしば依存の対象になってしまう。何事も「二ついいことはない」。難しいものである。

ＡＤＨＤについて印象に残っているエピソードをもう一つ。一九八〇年代、日本の小学校のあちこちで「学級崩壊」が話題になっていた。小中学校の子どもたちが授業中騒いで、教師のコントロールがきかず授業にならないというのである。この問題は数年間マスコミを賑わせていたが、驚いたことに学級崩壊の原因がＡＤＨＤの子どもにあるという議論が登場するようになった。落ち着きのない多動な子どもが学級に大きな影響を与え、それがきっかけでほかの子どもたちが引っ張られて学級崩壊が起こるというのである。

当時、私はある都区内の教育相談機関が主催する講座の講師をしていて、年に数回公立小中学校の先生方とお話しをする機会があった。ＡＤＨＤが話題になりはじめたころ、先生方の多くはＡＤＨＤの子どもが学級に少なくないこと、その影響力が強いこと、対応に苦慮することを嘆いていた。ところが一〇年もたたないうちに、ＡＤＨＤにまつわる先生方の悩みは、一部の保護者が自分の子どもはＡＤＨＤだから特別な配慮をして欲しいと要求する、という内容に変わってきた。ＡＤＨＤという概念はそれほど急速に社会的に広がっていったということである。

当時は小中学生が対象だったが、ある時点から対象が成人にも広がっていった。確かに、ＡＤＨＤ傾向は加齢にともない症状が軽快するとはいえ、成人になってからも持続することは疑う余地がない。特に不注意傾向は成人後も続くように見える。そのため学業や仕事でミスが絶えず、社会生活を送るのに苦労し、自分はＡＤＨＤではないかという主訴で外来受診する人、家族や職場の上司からＡＤＨＤではないかと疑われて受診する人が絶えないのである。だが、ＡＤＨＤの子どもや大人は昔からいたに相違ない。受診者数がこれだけ増えている背景には、世の中がそれだけ不注意や落ち着きのなさを許容できなくなっていることがあるのかもしれない。小学生の私は教師からさんざん叱られたが、精神科を受診しろとは言われなかったようである。今ならどうなのだろうか。

発達障害は何をもたらしたか

その一〇代後半の少年は、夜遅くスーパーマーケットで店員や客を金属バットで殴り傷害罪で逮捕された。小学生のときから不登校でひきこもり生活を送っていたが、それまで非行とは縁の遠い存在だった。少年鑑別所で行われた知能検査で得られた知能指数は平均よりかなり高い値だったが、学業成績は芳しくなかった。友人はほとんどおらず、家庭では一人でもっぱらテレビを観て過ごしていたらしい。

少年鑑別所での診断は、「統合失調症の疑い」であった。それまでなんの反社会性もなかった少年が突然衝動的な犯罪を行ったので、なんらかの精神障害を発症していると考えるのは一理あることだった。ただ、医療少年院で数カ月経過を見ても、これという精神症状は見られず、パーソナリティ障害の枠組みで診察していくのがいいだろうということになった。

パーソナリティ障害にはいくつかのタイプがあるが、一般には三つのクラスターに大別されている。

A　風変わりで奇異な印象を与えるパーソナリティ障害
B　情緒的、演劇的、変転しやすさを特徴とするパーソナリティ障害
C　不安、恐怖、内向性を特徴とするパーソナリティ障害

この少年はクラスターAのパーソナリティ障害の特徴にかなりよく合致していた。

パーソナリティ障害は、クルト・シュナイダーの精神病質の延長上にある概念である。生得的な要因が大きいのか、養育環境などの後天的な要因が大きいのかはさておき、精神病症状（幻覚・妄想など）や神経症的な症状（パニック発作や強迫行為など）が薬物療法で軽快し、精神療法的な介入で変化が期待できるのに対して、パーソナリティそれ自体はそうそう簡単に変わらないと考えられている。年月をかけて形成されてきたわけなので、それと同等とまでは言わないにせよ、変化していくのに相応の時間がかかると考えるのが当然であろう。まだ若い少年少女の中には、治療の過程でずいぶん変わったなと感じさせる人たちがいるのも確かだったが、なかなか変わらないと感じさせる人も少なくなかった。

あるとき、この少年の母親が、時間を作って遠方から面会に来た。担当医とも会いたいとの希望だったので面接した。幼いころから内向的で無口な少年だったという。母親と本人の一人親家庭に育ち、母親は生活費を稼ぐのに精一杯だったらしい。「とにかく育てにくい子どもでした」「かかわりにくい子どもだった」「何かに執着するとこだわって、止めるとかんしゃくを起こした」「友だちと言える友だちがいなかった」「勉強には興味が持てず、まったく何もやらなかった」

この少年のプロフィールは、要するに小学校入学以前から変わっていないようだった。「対人関係が苦手であること」や「こだわりの強さ」が指摘できた。私はすでにADHDに関心を持っていたので、少年たちを発達障害の枠組みで理解しようとするのは馴染みやすい発想だった。対人関係や社会性の障害、こだわりの強さを特徴とする発達障害と言えば、自閉症（広汎性発達障害）、その中でも一定水準以上の知的能力を持つアスペルガー障害と診断するのは自然なことに思われた。当時は医療少年院の中でアスペルガー障害という診断名をつけられた少年はいなかったのでずいぶん珍しがられた。

その少年は傷害事件を起こして少年院に送られてきたのではあるが、ある意味で生真面目という表現がよく当てはまった。少年院生活の決まりを破る少年たちがいると激怒した。たとえば階段を走らないとか、廊下の右側を歩くといった規則を守らない少年がいると、「どうして先生たちは注意しないのか」と法務教官に食ってかかった。服装の乱れにも敏感で、帽子をちょっと斜めにかぶっている少年がいると怒っていた。自分から注意することはなかったが、医者との面接では怒りの感情を吐露した。そういう規則違反を見るとどう感じるかを問うと、「とにかく腹がたちます」「直接注意しようかどうか迷います」「注意しようか、やめようか、と考えているうちに頭の中が混乱してきます」という。どうやら「すべきか」「すべきでないか」が頭の中で対立して、フリーズしてしまうらしかった。また、あるときは「こうしなければいけない」「こうでなければならない」という観念にとりつかれて自由になれないらしかった。

この少年は幼いころから集団生活に馴染めず、学校に入ってからは不登校になり、ひきこもり生活をしていた。事件当日、少年はテレビでバラエティ番組を見ていたが、そこで海外のスーパーマーケットに凶器を持った強盗が押し入る場面が流されていたという。この海外の映像がなぜか少年の脳裏に焼きついた。その晩、少年は寝床に入ってからもその映像が頭から離れず、それを思い浮かべているうち、「あれぐらいなら自分にもできる」という考えが湧いてきて、やがてそれは「やらなければならない」という強迫観念めいたものになっていったらしい。少年は自宅にあった金属バットを持って深夜営業している近所のスーパーマーケットに押し入り、いくつかの品物を万引きしようとして、制止した店員や居合わせた客を金属バットで殴るという凶行に及んだ。犯行後どうするかという計画を何も持ち合わせていなかったのだろう、そのまま立ちすくんでいて警察に逮捕された。これまでなんの非行歴もなかった一〇代半ばの少年であり、少年鑑別所に収容されて速やかに少年審判を受け医療少年院に送致されてきた。

この少年の犯罪の特徴は、テレビの映像に刺激を受けて、「これなら自分にもできる」「自分も同じことをしなければならない」という観念にとりつかれて犯行に及んだという点にある。これはアスペルガー障害の患者の強迫性ないし常同性として理解できる。少年は医療少年院の中では優等生で、少年院の規則をしっかり守り、きちんとした生活を送った。担当医だった私との面接では言葉が少なく、自分の感情を表現することがほとんどなかった。この生真面目な少年に暴力的な映像がしみ込んだのは、この少年に鬱屈したものがあったからだと思われた。少年は決して恵まれた環境で育ってきてはいなかったのである。将来への不安もあったことだろう。付け焼き刃的ではあったが「他人の気持ちを想像する」「他人の立場から物事を考えてみる」練習を数カ月行ったのち、少年は自宅に帰っていった。

それから数カ月がたったころだったろうか、愛知県で男子高校生が見ず知らずの老人を殺害する事件が起きた。この高校生はそれまで非行歴がなく、むしろ学業成績優秀な生徒だった。警察の質問に「人を殺してみたかった」と答えたという逸話が報道され、「体験殺人」という言葉が新聞紙上をにぎわした。この少年は精神鑑定に付され、アスペルガー障害と診断されたことが大々的に報道され、以降この言葉は人口に膾炙するようになった。

アスペルガー障害は、ウィーンの小児科医ハンス・アスペルガーが「自閉性精神病質」(一九四四)において報告した独特なコミュニケーションの様式や知的能力をもつ児童の症例から発展した概念である。その臨床像は、前年に発表されたレオ・カナーの論文「情緒的接触の自閉的障害」で記述された小児自閉症に類似していた。カナーの概念が世界的に有名になり、アスペルガーの名が長らく忘れられた一つの要因は、カナーが英語で論文を書いたのに対し、アスペルガーはドイツ語で書いたからだと言われている。言葉の壁は大きい。

また、アスペルガーが第二次世界大戦中、ナチスに協力して優性思想のもと障害児の虐殺に関与したため、この領域の仕事を避けたことが疑われている。理由はともあれ、アスペルガーの業績は、一九八〇年ごろにイギリスのローナ・ウイングによって再評価されるまで精神医学の表舞台から姿を消していた。

もっともアスペルガー障害という独立の疾患単位が存在するのか、それとも自閉症の中で知的能力が高い人たち(高機能自閉症)と重なるのかについては、結局結論が出ていなかった。そしてアスペルガー障害という呼称は、新しい国際的な診断基準であるDSM-5(二〇一三)やICD-11(二〇一八)では使われなくなってしまった。現在もわが国の社会の中には、アスペルガー障害という言葉が残っているが、精神医学の公式な診断体系からは姿を消している。とはいえ、発達障害はまだまだ概念として成熟しているとは言えないので、また何かの機会に復活することがあるかもしれない。

自閉症（以下、自閉症スペクトラム障害という今日の診断名に従ってＡＳＤと略）の概念自体もカナーの業績以降、いろいろな変遷をたどっているが、言語的・非言語的な対人コミュニケーションの苦手さを中核とする社会性の障害とこだわりの強さ（強迫性・常同性）が主たる特徴であると言ってよいだろう。私が精神科の臨床の研修を始めた一九八〇年ごろには、ＡＳＤは、視線が合わない、身体的接触を嫌う、情緒的な交流が難しい、言葉の発達が遅れる、などの発達特性を持っている子どもを指していた。発達の遅れが目立つ子どもの多くは知的障害を併存していたが、その中から自閉的な特質を取り出したのがカナーやアスペルガーの業績だった。それが、いつのころからだろうか、ＡＳＤの概念は非常に拡大され、軽症のＡＳＤが医療の場に登場するようになった。対人コミュニケーションの苦手さ、他人の気持ちを理解することの苦手さを有する人がＡＳＤの枠組みで理解されるようになり、やがて二〇一〇年代には「空気が読めない」人たちが「アスペ」と呼称されるようにすらなった。

ＡＳＤは私が臨床心理学から精神医学へ転身した経緯に深く関係していた。臨床心理学を学ぶために大学院修士課程に進学したころに、私が所属する大学の教育相談室に（今から思うとかなり重症の）ＡＳＤ児が母親に連れられてきた。その相談室では、子どもの相談がくると修士課程の若手が子どもの遊戯療法を担当し、博士課程の大学院生またはもう少しシニアの先輩が保護者の面接をする仕組みになっていた。遊戯療法とは、比較的広い部屋である遊戯療法室（プレイルーム）で、子どもと治療者が遊びを媒介として関係を作ること、子どもがカタルシスを得ること、子どもの象徴表現を引き出すことなどを目的とする治療法である。

その子どもは確か三、四歳だったが、まだほとんど有意味な発語がなく、こちらの言葉を十分理解できているように思えなかった。部屋に入るなり、いきなり遊戯療法室の棚にあるおもちゃを片端から床に落としはじめ、すべての時間を使っておもちゃを散乱させた。すさまじいエネルギーの爆発だった。私はなんとか関係を作ろうと試みたが、取りつく島もないという印象だった。一時間近く、ひたすら棚のおもちゃを引き出しては床にたたきつけていた子どもの姿は、今でも頭にこびりついている。

この相談室では、クライアントの許可を得てすべての面接や遊戯療法を録音・録画しており、それに基づいて綿密な事例検討会（ケースカンファレンス）が行われていた。そこでは、ＡＳＤは基本的に母子関係の問題であり、母親のかかわりがこの子どもの状態を生んでいるという方向で議論が進んだ。私は、この子どもの行動の激しさや年齢に比して遅れている言語発達は本人の素因が大きいのではないか、という意見を述べたが、私の意見に賛同する人は一人もいなかった。むしろ、そういう構えでやっているから遊戯療法が成立しないのだ、という趣旨の批判を先輩たちから受けた。要するに、当時私が所属していた臨床心理学グループの中では、ASDは母親の愛情の欠如ないし適切な養育がなされていないことから生じるという心因論が生きていた。事例検討会では、この子どもが棚からおもちゃをすべて引き出すことの象徴的意味が、母親の育児態度との関係で議論された。

当時、私は臨床心理学と並行して発達心理学を勉強しており、保健所での乳幼児健診や養護学校での勉強会に定期的に通って、多数の知的障害児や発達の遅れを示している子どもたちに会っていた。また、文献上、ASDについては世界的に認知障害説が有力になっていた。医学や発達心理学の世界では、ASDを心因論的に解釈する時代は終わりつつあった。私は臨床心理学のグループが身体的な問題を視野に入れようとせず、内界あるいは深層心理に入り込もうとする姿勢に馴染めないものを感じた。また、素因あるいは身体因にこだわる私を「人間的でない」「共感力がない」と「倫理的なニュアンス」をこめて非難する人も少数だがいた。私の主張の仕方にも反感を招く要素があったのだと思うが、結果的に私は強い不適応感を抱いた。これがやがて医学への転向を真剣に考えるようになった大きな要因になった。

こうした心因論への傾斜による非難は、その後一〇年ぐらいたってからも経験した。私が所属していた大学院の相談室は、ある時期まで私にとってはありがたいことに、いったん得たメンバーシップは自ら辞めるまで守られていた。私は医学生になってからもしばらく活動に参加し、面接を担当することが許されていた。

あるとき、そこで学習障害と思われるある子どもの担当になった私は、学習障害を専門にしている大学院の先輩を事例検討会に招いてコメントをいただいた。そこに同席していた当時指導的立場にいた教員の一人は、検討会では何も発言しなかったが、翌日、子どもを生物学的な視点でみることを厳しく批判するコメントを出した。その趣旨は、データや先行研究に基づいた見解ではないように思われた。一人の精神分析医の意見が引用されていたが、医学的にはコンセンサスを得られている意見ではなかった。私はすでに医学生であり、やがて医学の世界で働くことになるので、修士課程のときとは違う受け止め方ができたが、当時は臨床心理学の実情に深い失望を覚えた。一九九〇年ごろのことである。あれから三〇年、若い方を中心に医療現場で働く心理士も増え、より現実的な感覚を持ち、医学的な成果を取り入れて心理学的な治療を行おうとする人が増えていると思う。心理学者は、心因論に固執することで自らの立場を保とうとすることがあってはならない。

ＡＳＤの心因論は、科学的に誤っているだけではなく、患者とその家族に対しても罪深いものであった。母親への非難が含まれていたからである。多くの母親が自分の子どもが発達の遅れを示すことに悩むだけでなく、その遅れが母親の育児態度、それも愛情の不足によって生じていると非難されたのである。自分自身は納得できなくても医師や心理学者などの専門家からそう指摘されれば、よほど自信のある人でなければ悩んでしまうのが当然である。アメリカの大学で動物学の教授をしているテンプル・グランディンは、幼くしてＡＳＤの診断を受けた。彼女の伝記映画にはＡＳＤとの診断を受けるシーンがあり、専門家が母親に育て方の問題であると指摘する場面がある。テンプル・グランディンの母親はその意見をはねつけるのだが、こういう自信ある態度をとれる人はむしろまれであろう。

ふりかえれば、私が臨床心理学の研修を始めた当時、私の所属していたグループには若手が多く、私も含め二〇代の若者が多かった。臨床経験も人生経験も乏しく、医学や心理学の知識も乏しい若者が、「母親の育て方」をうんぬんすること自体おかしなことである。その「おかしさ」に思いが至らなかったのが、今となれば不思議である。ともあれ、母親の愛情の不足によって、子どもが心を閉ざしてしまい、視線を合わせず、身体接触を嫌い、言葉も発しないようになる、というのは壮大な心理学的ファンタジーである。ファンタジーを創造すること自体は自由だが、そのことで自分たちの専門家としての地位を確保しようとし、生身の人間を非難した歴史を忘れてはいけない。

私が所属していた大学院が、医学を嫌い、心因論に傾きがちであったのは、心理学者であれば自分のアイデンティティを確立するために心因論に傾きがちだという理由だけでなく、指導教官だった佐治守夫氏の個人的な影響が大きかった。後に他大学で臨床心理学の研修を受けた人たちと知り合う機会が増えるにつれ、当時私が所属していたグループは少なからず極端かもしれないと感じたからである。

佐治氏が若い時代には、まだ大学に臨床心理学を勉強できる学部や学科はなかった。第二次世界大戦後、アメリカからもたらされた臨床心理学を学ぼうとした若者の中には、当時千葉県市川市にあった国立精神衛生研究所（現国立精神・神経医療研究センター精神保健研究所）にいらした井村恒郎氏の指導を受けた人が少なくなかった。井村氏は京都大学で哲学を勉強してから東京大学医学部を卒業して精神科医になった秀才である。のちに日本大学医学部に移り、精神科教授として活躍された。井村氏のご専門は失語症研究だったが、同時にアメリカ精神医学に深い関心をもたれ、当時アメリカで隆盛だった家族研究や精神療法の導入に務められた。私は直接お会いする機会はなかったが、あれほど医者嫌いの佐治氏が「すごい人だ」というのだから、本当にすごい人なのだろうと思ったことをよく覚えている。

佐治氏から聞いた逸話を、もう時効だろうから一つ書く。国立精神衛生研究所は、国府台病院という精神科病院に隣接しており、心理学者もそこで研究や研修をしていたらしい。そのころ、佐治氏をはじめとする心理スタッフ（若手の医者もいたのかもしれない）は、研修のために患者を装って病棟に入院したというのである。医者をはじめとする医療スタッフがそれを知っていたのかどうかは失念してしまったが、ベッドを並べて入院している患者には知らされていなかった。そこで佐治氏は、患者から実にさまざまなことを聞いたが、いかに精神科医が何もわかっていないかを痛感したとのことだった。例としてよく覚えているのは、医者から幻聴について問われ「あります」と言えば「治っていない」と言われ、「ないです」と言えば「病識がない」とされる。「どっちにしろ医者が思うように決めるんだよ」と佐治氏が苦々しい表情で話された。

大学院に入学したばかりだった若い私はこれを聞いてなるほどそうかと憤慨した。もっとも、考えてみれば、こうしたやりとりは精神療法において、治療者が伝えた解釈を患者が否定すれば「（無意識的に）抵抗している」「否認している」とされ、受け入れれば「やはりそうだ」とされるのと同じ構造である。精神療法でも似たようなことが起きていると言えるだろう。そうなると、こうした構造は、医学か心理学かではなく治療者－患者の力関係という面から考えていったほうがよさそうだ。

こうした体験入院による研修は、現在の常識からすれば、患者の権利を侵害しており、とうてい許容されるものではない。しかし、こうした経験が臨床研修として役に立つのは間違いないだろう。朝日新聞の記者が患者になりすまして某私立精神科病院に入院してルポルタージュを書き、精神医療の在り方に一石を投じたのは、佐治氏たちのこうした研修からおよそ二〇年後のことである。（このルポの手法も今からみれば問題があると言えるだろう。）私立病院と国立病院の違いはあるにせよ、当時の精神科病院あるいは精神医療が現在よりずっと矛盾に満ちていただろうことは容易に想像できる。そうした状況の目の当たりにして、若い臨床心理学者たちが医者を頂点とする精神医学に批判的になり、反生物学的なスタンスと心因論への傾斜を強めていったのだろう。そのことはよく理解できる。

とはいえ、科学的あるいは生物学的であることを意識すれば間違いが起きないわけでないのは言うまでもない。たとえば、ロボトミーは、今日では治療効果がなく、重大な副作用がある手法と考えられているが、最先端の科学に基づいた治療とされ盛んに行われた時期があった。開発を進めたエガス・モニスは、この業績もあって一九四九年にノーベル生理学・医学賞を受けている。私がもっとも強い印象を受けた残酷な例の一つは、アメリカの精神科看護師が書いた著作（バーバラ・J・キャラウェイ『ペプロウの生涯――ひとりの女性として、精神科ナースとして』）に記述された州立病院でのロボトミーを紹介した記述である。私は中井久夫氏のエッセー集『日時計の影』を読んでいて知り入手した。そこには凄惨な状況が記述されている。

医学の歴史は過ちに満ちている。今私たちが行っている治療も後世では批判されることもあるかもしれない。ＡＳＤの心因論が与えていた負の影響は、私がたまたま心理学や医学の教育を受けはじめた時期に遭遇したわけだが、こうした例は枚挙にいとまがないのだろうと思う。生身の人間を相手にする治療である以上、極端に走らないよう警戒しなければならないと改めて思う。

ＡＤＨＤ同様、近年、子ども時代には特に問題を指摘されなかった人が成人になってからＡＳＤと診断されるようになった。今では、ＡＳＤの診断で精神科に通院している成人の患者は少なくない。ＡＳＤは、なぜこれほど社会に広がっていったのだろうか。

わが国では、アスペルガー障害という言葉は、初めわかりにくい少年非行を理解するための概念ないしキーワードとして用いられ、拡散していったことはすでに述べたとおりである。これまで非行歴のまったくなかった優等生による「いきなり型非行」、周囲に目立つ格好をして人を刺すというわかりにくい犯罪、およそ年齢にそぐわない凶行、動機や目的がわかりにくい凶悪な犯罪、これらを理解する鍵概念としてアスペルガー障害という語が用いられ、社会に受け入れられたのは否定できない。私たちは、青少年によるわかりにくい犯罪が連日報道されると、納得できる説明を求めてしまう。そこにアスペルガー障害という耳慣れない言葉がぴたりとはまったのであろう。

しかし、少し考えてみればわかることだが、わかりにくい非行・犯罪はアスペルガー障害の患者によって行われるというのは、同語反復であってなんの説明にもなっていない。耳慣れない診断名で説明されるとなんとなくわかった気になってしまうだけである。そして思考停止してしまう。わかりにくい非行・犯罪を行う人の心理を丁寧に分析して理解しようとするのではなく、診断名をつけて事足れりとする傾向が生まれてくる。世の中全体がそうした丁寧な理解をしようという作業をしなくなっているのかもしれないし、精神医学の内部でも細かな議論をさけてＡＳＤないしは発達障害と割り切ることで努力をやめてしまう傾向があるのかもしれない。

アスペルガー障害、その上位概念としてのＡＳＤは、その後、非行・犯罪の枠をこえて、さらに広がっていった。わかりにくい非行・犯罪にとどまらず、わかりにくい言動をする人、さらには社会常識とされることからずれた言動をする人にＡＳＤのラベルが張られるようになった。学校や職場などのコミュニティで定められた決まりを破るだけでなく、「明文化されてはいないが常識とされる暗黙の前提」からずれた言動さえもが対象になっていった。つまり「空気を読む」ことや「相手の気持ちや状況を推論すること」が苦手であることが対象になる。こうなってくるとＡＳＤと診断される人は相当数になってくる。こうした動向のなかで、精神科で診察を受ける大学生や社会人の患者が増えていったのである。その際、子どものときにＡＳＤの傾向があったかどうかがきちんと吟味されることなく診断されるため、患者数がますます多くなっていく。

ＡＳＤは脳の機能障害が前提とされている発達障害である。だとすれば、患者数が、一〇年二〇年で何倍にもなるはずがない。成人のＡＳＤ患者の増加の背景には、診断基準の変化、ＡＳＤに関する知識の普及、精神科受診の閾値の低下、などの要因があるだろう。注意しなければならないのは、もともと一定の割合でいたＡＳＤの人たちが、現代社会でいっそう「生きにくく」なっていて、それが受診者の増加につながっているかもしれないという疑念である。換言すれば、かつては社会の中で許容されていた対人コミュニケーションの苦手さやこだわりの強さが許容されにくくなっており、そのため患者として精神科医の前に現れているのかもしれないという疑念である。これは、私たちの社会が融通のきかないものになっているということかもしれないし、社会の決まりにうまく沿えない人たちを排除する傾向が強まっているということなのかもしれない。社会の面からみれば、学校や会社が余裕と寛容さを失っていると言えるかもしれない。今風の表現で言えば、「同調圧力」が強まっているために、ＡＳＤの人たちが病院で治療を求めざるをえなくなっているということかもしれない。

もっとも、ＡＳＤ、特に軽症のＡＳＤが話題になるにしたがって、ＡＳＤを疾患や障害ではなく、「個性」「特性」として理解しようという動きも盛んになっている。これは障害は個人がもつという「個人モデル」から、社会や生活環境との関係で障害の有無や程度が変化してくるという「社会モデル」で「障害」そのものを定義しようという動きと関係している。知的能力の高いＡＳＤ

の人たちが精神科臨床に登場したことで、精神医学の中でも「社会モデル」が理解されやすくなったのは間違いない。ASDが社会全般に広がり、精神科臨床の一大テーマになったことは、いろいろな面から評価できるだろう。「社会モデル」はASDだけでなく程度の差はあるにせよ精神障害全般にあてはめうると思う。

話を再び発達障害と非行・犯罪の関係に戻そう。

わが国のASDへの関心が、少年事件をきっかけに、特にアスペルガー障害を中心に二〇〇〇年代から急速に高まったのはすでに述べたとおりである。愛知県の男子少年事件以外にも「西鉄バスジャック事件」「佐世保小六女児同級生殺害事件」「レッサーパンダ帽男殺人事件」「奈良自宅放火母子三人殺人事件」「名古屋大学女子学生殺人事件」等々、殺人事件の犯人がアスペルガー障害と診断されたという報道が相次いだ。

ASDの人が不幸にして犯罪を行った場合の刑事責任能力については、いろいろな議論がある。現時点では、ASDの加害者の責任能力を認める判決が多いようであるが、責任無能力であると主張する立場の精神科医も少なくない。一口にASDと言っても、その程度はさまざまであるし、知的障害を合併している人もいるので一般論として語るのは難しい。数年前には、ある精神科医が、自己の主張を広めるためだろうか、鑑定用の裁判資料をマスコミ関係者に見せたことで逮捕される事件まで起きた。思い入れの強さを感じさせる出来事だった。一方、自身のきょうだいを刺殺したASDの被疑者に対して、身柄の受け皿がなく再犯可能性が高いという理由で、求刑以上の懲役刑を求める裁判員裁判の判決が出されるという事案もあった。

かつては精神病症状がないにもかかわらず理解しにくい（動機を共感しにくい）犯罪が行われると、「情性欠如」精神病質あるいは反社会性パーソナリティ障害と診断されて完全責任能力とされていた。それがASDという診断になると責任無能力と鑑定されることがある。およそ三〇年前までは精神鑑定でASDと診断されるケースはまずなかった。ASDがこの三〇年に出現した障害であると考える人はいないだろうから、ASDの人は昔からいたはずである。精神医学の中にASD概念が生まれ、洗練され、拡大していくことで、裁判の成り行きにも影響が出ている。今後、どのように展開していくのか、まだよくわからない。ASDの人の責任能力に関する議論は、今日の司法精神医学の大きなトピックであることは間違いないが、少々混乱しているようにも見える。

最後に、ASDないしアスペルガー障害の人が犯罪をする確率が高いという医学的な根拠は私の知るかぎりないし、奇異な犯罪や突発的な犯罪を行う確率が高いという根拠もないことを強調しておきたい。

高齢者の病いと罪と

医療刑務所に勤務していたとき、認知症の患者を何人か診察したことがあった。

そのうちの一人はアルツハイマー型の認知症患者で、もの忘れがかなり進んでいた。一番困ったのは、食事を食べ終わってすぐに「飯を食わせろ」と騒いで、医療刑務所の扉をガンガン叩くことだった。コンクリートでできた病棟に、大きな声と音が響き渡った。当然、他の受刑者から文句が出る。なかにはそれに乗じて「そうだ飯を出せ」と叫ぶ者もいた。

一般の病院であれば、こうした患者は病室の外に一緒に出て、散歩でもしながら気分が変わるのを待つことになる。しかし、医療刑務所と言えども刑務所なので、そうした行動は簡単にできない。七〇歳代の小柄な老人だったが、医者が患者と二人で散歩することは、高い塀の内部でも認められていない。部屋から出すには、必ず刑務官の付き添いが必要なのである。これがなかなか難しくて、人出が足りないために付き合ってもらうのに一苦労した。刑務所が過剰収容に悩んでいた時代のことであり、刑務官も人の配置に苦労していたのだろう。

部屋から出せないとなると、刑務官や医療スタッフがなだめたりすかしたり、話題を変えようと努力する。それがうまくいくときもあるが、うまくいかないときも少なくない。そうすると刑務官が耐え切れなくなって、「静穏室に隔離してください」と言ってくる。静穏室とは精神症状を安定させるため一時的に隔離する個室である。病棟から離れた個室への隔離が認知症患者に望ましくないことははっきりしている。医者としては隔離したくない。しかし、大声と騒音が病棟中に響き渡り、周囲も騒然としてくると仕方ないと言わざるをえない。「薬でなんとかならんのですか」という質問も受けたが、認知症の患者を刑務所の狭い部屋に閉じ込めて、その興奮を向精神薬でほどよく鎮静できる術を私は知らなかった。今も知らない。結局、相当量の向精神薬を処方することになり、過鎮静になるだけでなく、さまざまな副作用が出現することになる。ふらついて転倒して頭を打つ、骨折する、嚥下が悪くなって食事を満足にとれなくなる等々。こうした経過は、刑務所ほど制限が多い環境ではなくても、多くの老人病院や精神科病院でしばしば起こっていることであろう。本来、人が手間暇かけて対応すべきところを薬物で代用しようとするのはどうしても無理がある。私は向精神薬で鎮静をかけるよりは、一時的に隔離する方がまだましだと考えざるをえなかった。

その老人は無銭飲食で受刑していた。いわば軽犯罪である。これが数回目の受刑であり、刑務所を出ては窃盗や無銭飲食を繰り返すので、だんだん刑期が長くなる。こういう軽犯罪の受刑者については、記録もどうしてもそれほど詳細なものは残されないので、この老人がいつごろ認知症を発症したのか、最後まではっきりしなかった。ただ、現時点での症状の進行具合からみて、今回、無銭飲食をして受刑した時点で認知症が発症していなかったとはとうてい思えなかった。そもそもこの老人は、自分が刑務所にいることを理解していないように思えた。

私は親しかった刑務官に「この人を刑務所に入れておく意味があるとは思えない」「本人も周りも大変すぎる」「どこか然るべき施設で面倒をみてもらうべきではないか」という趣旨のことを話した。受刑者が重大な病気になって回復が見込めず、医療刑務所でも管理が難しいと判断されると「刑の執行停止」が行われる。たとえば癌の末期で余命幾ばくもない場合などがこれに該当する。刑の執行停止の是非を判断するのは、なぜか検察官の権限である。刑を言い渡すのは裁判官なので、どうして検察官なのか不思議に思ったが、とにかくそうした決まりになっている。ただ、検察官はふつう自分が起訴して受刑した元被告の受刑後の経過を把握しているわけではない。検察官が関心を持つとしたら、よほどの重大事件の被告にかぎられるだろう。だから刑務所の側から検察官に情報提供して、受刑の意味がないことを伝えなければならない。しかし、これは刑務所からするとたいそうハードルの高い行動らしかった。現場が相当に困っていても、色よい返事をもらえたことがなかった。

この老人を刑務所から医療施設に移すためには、もう一つ大きな障壁があった。費用の問題である。刑務所は国の施設なので、何から何まで無料である。しかし医療施設はたとえ国立でも無料ではない。無銭飲食をして受刑している認知症の老人の医療費を誰が負担するのか。家族に相当の経済力がある場合を除き、負担する人を見つけ出すのは難しい。

生活保護を受給できれば、いろいろな問題をクリアできるのだが、この場合、どこかの自治体と交渉することになる。刑務所の担当職員（分類保護の職員）が頑張ってやりとりしても、現に住んでいる刑務所で対応してくれとやんわり拒否されることも少なくなかった。と言って刑務所が所在する自治体が、その刑務所を出所するすべての高齢者や障害者の生活保護受給を認めていたら、その自治体にとっては経済的な負担が大きすぎることになってしまう。肝心の受刑者本人が断固拒否する場合もあり、生活保護で出所後の支援をするのもそう簡単ではない。

結局、この老人は自分の部屋と隔離室を行ったり来たりしながら満期を迎えた。

もう一人、印象に残っているのは、五〇代後半の男性受刑者である。もの忘れはそう目立たないのだが、怒りっぽくてしばしば刑務官と衝突した。この人は五〇代まで工場で働き堅気に暮らしていたのだが、あるとき、町で見知らぬ人と喧嘩になり、けがを負わせてしまった。この事件一つで実刑判決を受けた。前科のない人がいきなり実刑になるのは珍しいのだが、被害者のけががかなり重たかったこと、本人にまったく反省の色が見えなかったこと、この人の身柄を引き受ける人がいなかったこと、などが裁判官の心証を悪くしたのだろう。おそらく国選弁護人とも軋轢ばかりで、まともな弁護をしてもらえなかったのではないかと思うが、これは推測の域を出ない。

この男性は刑務所でも周囲の受刑者や刑務官と衝突を繰り返し、やがて医療刑務所に送致されてきた。一般の刑務所では処遇できないと匙を投げられた恰好である。会って話してみると、確かに少なからず怒りっぽい。刑務官の指導にも反発ばかりする。丁寧に問診をしていると軽微だが認知機能の低下があることがわかったので、前頭側頭型認知症を疑って頭部ＣＴスキャンを撮ると、案の定前頭葉に委縮が認められた。かつてはピック病と呼ばれ、もの忘れに代表される認知機能低下より感情面・行動面の変化が先行するタイプの認知症である。

この人は幸いまだ若くて体力があり、少量の向精神薬によく反応して穏やかになった。刑務官たちに病気の説明をして、正面からぶつからないよう処遇してもらうことで、なんとか刑務所生活を送ることができるようになった。

この他にも何人かの認知症受刑者を診察したと思うが、当時の医療刑務所には重症の統合失調症、自閉症スペクトラム障害、パーソナリティ障害、薬剤性精神障害、摂食障害などの患者が多数おり、日々対応に追われていた。高齢受刑者や認知症受刑者が私の関心の対象になるのは、もう少しのちになってのことだった。

私は五〇代の前半で医療刑務所を辞して、出身の医科大学の教員になった。赴任と同時に、在学中に講義を受けた先輩教授から、大学が大規模な研究費をとって「街ぐるみ認知症相談センター」を設置したので、そこを担当するようにと言われた。大先輩の指示であり、断る選択肢はない。よくわからないまま兼務することになった。そこで、これまでさほど診療経験がなかった高齢者が私の守備範囲の一つになった。このセンターを兼務しているというだけで高齢者が外来に紹介されてくる、学内外から講演の依頼がくる、といった具合でにわか勉強をすることになった。勉強してみると、高齢者問題が日本社会の最大の問題の一つであることがよくわかってきた。また精神科の臨床においても、実は今後の大きなテーマであることがわかってきた。研究費をもらっていたおかげで認知症をテーマにしているいくつかの学会に参加し、国内で認知症ケアについて先進的な取り組みをしている地域や中国・スウェーデンなどの外国の認知症医療事情の視察をする機会もあった。

ちょうどそのころ、知人を介して、ある一般刑務所から医師不足のため非常勤でよいので手伝ってくれないかという誘いがあり、定期的に通って非常勤医師として診察する機会を得た。初犯の男性受刑者だけ収容している刑務所からはじめて、大学の教員をしていた期間に複数の刑務所・拘置所で多数の受刑者の診察をした。診察を重ねるうち、高齢の受刑者が多いことに気がついた。これは、私が大学で高齢者を対象とする仕事を兼務することになり、自然と関心が高齢者に向かっていたことも関係するだろう。そこで犯罪白書などの資料にあたってみると、受刑者全体の中の高齢者比率が急増していることがわかった。

私が矯正施設で常勤医として働いていた時期（一九九〇年代から二〇〇〇年代）はどこの施設も過剰収容に悩まされていた。医療少年院や医療刑務所に勤めていると、他施設に診察の応援に行くことがしばしば求められた。私は好奇心があって他所にいくのは嫌いではなかったので、依頼があればあちこちの施設に行って診察をしたが、ある少年刑務所（主として若い受刑者を処遇している刑務所）に行った折、およそ三畳の部屋に若者が二人で生活しているのを見て驚いた。これで喧嘩が起こらないはずがないと思った。誰だって、あんな狭いところに鍵をかけられて二人でいれば窮屈で息が詰まりいらいらするに決まっている。刑務官に様子を聞いたところ、案の定、口論や喧嘩が絶えないとのことだった。

それから数年たって、私が大学教員になって刑務所で非常勤医師を始めたころからだろうか、受刑者が急激に減りはじめた。そもそも警察に検挙される人数も減っている。特に若い世代の減少が著しい。この背景はよくわかっていない。経済指標が好転しているとされる社会状況と関係するのかもしれないが、経済格差はむしろ拡大しているという声も少なくない。この十数年景気が拡大していると言われたが、国民の実感がともなわないという説も多い。何人かの検事や法務省関係者に聞いてみたが、はっきりした答えはなかった。街のあちこちに監視カメラが設置されており、事件があるとその画像がすぐにテレビで流されることは影響しているだろうとは言われている。若者が概しておとなしくなり、学校や社会で不適応になったとき、暴走族に入って走り回る人、徒党を組んで繁華街で騒ぐ人が減り、家庭にひきこもってゲームをするようになっているという説もあった。

一方、高齢者に関しては検挙者数、受刑者数ともに増加の一途である。どうしてだろうと思った。確かに私が診察していても高齢者が多い。高齢受刑者の増加の背景については、いくつかの説があるが、おおむね「高齢者の社会的孤立」「経済的貧困」が主たる要因だろうと意見の一致をみている。それに加えて、診察からは認知機能低下も関係しているのではないかと感じられた。高齢者だから当然と言えば当然だが、病院の外来で会っている高齢者たちより年齢に比してやりとりが明らかにおぼつかない。そこで私は六五歳以上の高齢者を診察するときに、簡易認知機能検査を行うことにした。すると基準より低い人たちが結構いる。一般の医療施設だったら、ここでさらに詳しい心理検査をやり画像診断をしたいところだ。しかし刑務所ではそうもいかない。それにこうした簡易認知機能検査は、そもそもの学歴などの影響を受けることが知られている。もう少し総合的に調べないとなんとも言えない。高齢受刑者の簡易認知機能検査の数値が低いのは、加齢による認知機能低下のためばかりではなく、そもそもの知的能力や学歴が低いことの影響を受けているのかもしれなかった。私は刑務所長に六五歳以上の高齢者の認知機能調査を系統的にやりたいとお願いしてみた。所長は高齢受刑者の処遇は大問題なのでぜひやってくれと快諾してくれた。そこで診察時に受刑者の承諾を得て、六五歳以上の受刑者に簡易認知機能検査を行い、学歴・職歴・本件犯罪などの個人プロフィールと比較を始めた。この調査は私が大学を退職し、刑務所の非常勤医師を辞めるまでのおよそ一〇年間継続した。

ある高齢受刑者が語った刑務所に来るまでの人生はこのようなものである。中学卒業後、集団就職で東京の下町の小さな工場に就職した。あまり要領はよくなさそうだが、コツコツ働いたらしい。結婚はしなかった。酒は好きだったが、会社を無断で休んだことはない。五〇歳を過ぎたころ、急に会社からもう来なくていいと言われたという。「クビになったんだと思う」とのことだった。しばらくは日雇いをし、貯えも多少はあったので食いつないだが、やがて家賃を払えなくなり、アパートを追い出された。六〇歳ごろ、ホームレスになった。ホームレス仲間に誘われて日雇いをやったり炊き出しに行ったりしてしばらく暮らしたが、やがてどうにもならなくなり、スーパーで万引きをした。何回目かで見つかり警察に突き出された。警察は説教して返したが、また万引きをして拘留された。引き取り手もないため送検され、執行猶予付きの有罪判決を受けた。反省はしたかもしれないが、どうしようもなかったので、また万引きをして逮捕された。執行猶予されていた刑が合算され、懲役三年の実刑判決を受けて刑務所に来た。六五歳になっていた。朴訥な人柄で反社会的な傾向は感じられなかった。法務省の施設で逮捕後に測定された集団式の能力検査では推定ＩＱ値が四五となっていた。この法務省式の集団能力検査についてはいろいろな評価があるが、いずれにせよ知的能力が高いとは言えなかった。

低学歴で知的能力がそう高くない人が、中学か高校を卒業し、工場などで働く。それなりにコツコツ働いたとしても、給料がそう高くはないから老後の資金が十分貯まるところまではいかない。それに、そうした人たちは、五〇代ぐらいになると何か技術を持っていないかぎり、職を失うこともある。中小企業や町工場は、賃金が上がってきた中高年の雇用を維持するのは大変なのかもしれない。職を失えば生活に困るし、それまで持っていた人間関係も失うことが多いだろう。しばらくは貯えで生活するにしても、底をつけば家賃も支払えなくなりホームレスになるしかない。やがて万引きや無銭飲食をして警察のお世話になる。

高齢者全体の中で刑務所に来る人は一部なので、当然のことながら個人の責任がないとは言えない。ただ、私はこういう話を聞いていて、口の中が苦くなる感じがしていた。こういう人たちは、誰かの支援がないと生活保護を申請することもない。申請したが窓口で断られたという受刑者もいた。その結果、刑務所が社会のセーフティネットになっている。

なお、高齢受刑者問題は、女子刑務所でより深刻であることを付け加えておきたい。女子刑務所の高齢化が著しいのである。ただ、私は女子刑務所で診察する機会がなかったので、男性と事情が重なるのか、相当違う事情があるのか、確かなことはわからない。

海外はどうなっているのだろうか。比較対象にするなら社会文化状況に共通点が多い欧米文化圏である。当時、アメリカは人口が日本のおよそ倍だが、受刑者数はおよそ二百万人で、人口比で日本の二〇~三〇倍であった。これは比較の対象にならない。ヨーロッパについてみると刑務所の高齢化を論じている論文が多くはないもののいくつか見つかった。まとまった論文があったのはイギリス（イングランド&ウエールズ）だった。BMJという医学界では権威のある雑誌に二〇一二年に掲載された精神科医による論文があった。イギリスではもともと六〇歳以上の高齢受刑者が全体の一パーセントだったのが、この数年で倍増して二パーセントになっているのを問題視していた。当時の日本の高齢受刑者比率は一〇パーセントを超えていた。ここでは高齢者は六五歳以上だから、六〇歳を基準に取れば、高齢受刑者比率はもっと増えるだろう。六〇歳以上の受刑者が二パーセントになったことを取り上げて論文にすること自体、物差しが違っている。その論文には、高齢者がどのような犯罪で受刑しているかも書かれていたが、性犯罪・薬物犯罪・暴行などが主たるもので窃盗などの軽犯罪で受刑している人はほとんどいないようだった。また、高齢者を受刑させることは倫理的に問題があるのではないかと指摘する論文もあった。ことの是非はともあれ、イギリスの人権意識の高さを感じさせられた。

この研究を行う過程で、欧州の刑務所事情を調べている研究者の知遇を得て、ドイツ・フランス・スイスなどのデータを教えてもらった。どの国でも高齢受刑者は増加傾向にあるが、日本ほど受刑者の高齢化率が高い国はどこにもなかったし、窃盗などの微罪で高齢者を受刑させる国はなかった。ヘルシンキ（フィンランド）で司法精神医学を専門にしている精神科医と話す機会があったが、国民が高齢化すれば受刑者も高齢化するだろうという意見で、日本の特殊性を理解してもらうのが難しかった。

先にも触れたように、アメリカは受刑者数が多すぎて比較の対象にならないが、アメリカでも高齢受刑者の増加は問題になっている。もっとも、これは主に高齢受刑者にはコストがかかるという論旨が中心であった。若年の受刑者に比べて数倍のコストがかかることが雑誌で取り上げられていた。このあたりの論調も文化差を反映していて興味深い。

ところで、高齢受刑者の中には、窃盗や無銭飲食などの軽犯罪だけでなく、殺人・殺人未遂・

傷害致死など重大犯罪をして刑務所に来た人たちがいた。日本の刑務所は受刑者の犯罪性によって分類されており、この刑務所は初犯の男性だけを集めていた。高齢になって初めてそういう重大犯罪をするのはどういう人なのだろうと関心を持った。結論から言えば、ほとんどが家族を対象とした犯罪であり、介護の末の犯罪だった。

ある受刑者は、妻と病気の子どもを殺害して受刑していた。子どもは長く精神疾患を患っており自立した生活は望めなかった。夫婦で介護していたが、妻が病気になり、将来をはかなんで心中しようとして自分は死にきれず、殺人罪に問われて受刑していた。この受刑者は毎日の懲役作業をきちんとしていたが、誰とも会話しようとせず、暗い表情をしていた。体重が少しずつ落ちていったため刑務官が心配して受診を勧めた。本人は乗り気ではなかったが、刑務官の勧めを拒否する人ではなかった。診察の様子から、この受刑者が自らの行為を悔い、自殺したいと考えていることがうかがわれた。死にたいと考えているのではないか、と端的に問うと、「刑務所に迷惑をかけることはしません」とだけ答えた。刑務所では自殺企図は規則違反であり、懲罰の対象となる行為なのである。自殺しようとしたのを懲罰にするのはおかしいのではないか、と親しい刑務官に尋ねたことがある。「本気で死ぬ気はないのに、作業をさぼるとか、気を引くとかのために自殺の真似をする人たちが多いので仕方ない」「なかには刑務官への当てつけや嫌がらせのために何かする受刑者もいるんですよ」という。確かにそうした行為はしばしば見受けられた。ただ、服役中にうつ病になって自殺企図する人がいるのも確かなことである。その点を質問すると、「本心から死のうと思っていると判断できれば、医師の診断をもとに懲罰にはしていません」とのことだった。一応納得はしたが、グレーゾーンもあり、運用はなかなか難しいに違いない。

この受刑者は不眠にも悩まされているようだったが、治療は頑なに拒否した。罪悪感から治療を拒んでいるのだろうと思われた。結局、説得に一年以上を要したが、少量の服薬を承諾してくれて、その受刑者の顔色は多少ともよくなり、体重の減少も止まった。殺人罪ではあったが、情状酌量されていて数年の実刑判決を受け、黙々と懲役作業をしていた。しかし、この人は出所したら自殺するのではないかと私はずっと感じていた。最後の診察では、深々と頭を下げてお礼の言葉を述べてくれた。どうしているだろうか。

別の男性受刑者は七八歳だった。殺人罪で受刑していた。アルツハイマー病に罹患していた妻を殺害した。すでに五年以上介護した末の犯行だった。妻はもの忘れだけでなく、徘徊・暴言・暴力などの心理行動症状（ＢＰＳＤ）も激しかったらしい。この夫婦には二人の子どもがおり、それぞれ独立して安定した暮らしを営んでいたが、いずれも離れて生活していた。診察してすぐわかったが、この受刑者もまた軽症ではあるが認知症を発症していた。いわゆる認認介護の末に前途をはかなんで心中を図り、自分は死にきれず殺人罪で逮捕・起訴され、懲役五年の実刑判決を受けた。

この受刑者は裁判の過程で精神鑑定を受け、アルツハイマー病と診断されていた。裁判官も男性がアルツハイマー病に罹患していることを認めていた。そのうえで判断力が完全になかったとは言えず、限定責任能力を認め（心神耗弱）実刑判決を下した。懲役五年は殺人罪としては短期であり、そこに裁判官の配慮がうかがえる。私が強い違和感を抱いたのは、懲役五年に処するという主文に続き、被告は自らの行為を深く反省し云々と、いつもながらの文章が続いていることだった。男性はアルツハイマー病に罹患している以上、病気は確実に進行していく。刑務所での生活が認知症の進行を著しく促進するかどうかについては議論の余地はあるが、少なくとも理想的な環境でないことは言うまでもない。数年すれば、男性は自らの行為を反省するどころか、自分が刑務所にいることすらわからなくなるかもしれない。この判決文に意味があるのだろうか。

私は当時親交のあった複数の司法関係者にこの事例をどう思うか聞いてみた。裁判官と検事は、判決は妥当だと思う、仕方ない、という意見だった。犯行の時点で、認知症が軽度で判断能力があったのであれば、そういう求刑と判決にならざるをえないというのである。

確かに、心神喪失（責任無能力）や心神耗弱（限定責任能力）を定めた刑法三九条は、あくまで犯罪行為が行われた時点での精神状態を評価することになっている。

ただ、精神疾患と一言でいっても、統合失調症や薬剤性の精神障害などのように、犯行時は強い精神症状を示していても治療をすれば改善する可能性がある精神障害と、認知症のように現時点で治療法がなく、確実に進行していく精神障害とでは意味が違う。刑務所に収容して懲役を課し、反省を促すなどということはおよそ現実的ではない。形式的には正しくても、実質的な意義をともなわないのではないか。つくづく法律の論理と医療の論理は違うのだと実感した。

日本の法律では、精神障害が疑われる被疑者の処遇は、刑務所に入らず医療に振り分けられるか、刑務所に振り分けられるかで道がはっきりと分かれる。附属池田小学校事件を契機として二〇〇三年に「医療観察法」が成立し、精神障害を有している犯罪者が特別な施設で治療を受ける仕組みが作られたが、この法律の対象となるのは、やはり心神喪失（責任無能力）と判断された人か、限定責任能力で執行猶予が付いた人、つまり刑務所に入らない人である。いったん刑務所に入ると、どんなに精神障害が悪化しても刑務所を出て、医療の場に移ることはまずない。先にも触れたが、治療によって改善可能性がある病気ならともかく、認知症のように現時点で進行するのみで治療可能性がない病気の患者を刑務所に留めておくのはどう考えても合理的ではない。医療や福祉へ移すこと（ダイバージョンすること）が望ましい。私が高齢受刑者問題について多少とも調べて、何本か論文を書いたのは、精神障害受刑者の医療・福祉へのダイバージョンを認知症受刑者を切り口として議論できないかという思いがあってのことだった。私は機会を見つけてはこの考えを司法関係者に話したが、残念ながら強い支持は得られなかった。それだけハードルが高いということなのだろう。

私には認知症の患者を刑務所で処遇するのはどう考えても合理的ではないとしか思えないのだが、どうだろうか？　ちなみに、経済的な問題に関しては、ことの本質から外れるだろうが、刑務所で高齢者を処遇するコストは、生活保護費と比べて決して安くないという経済学者の試算（中島隆信『刑務所の経済学』）があることも付け加えておきたい。

フィンランドの刑務所

日本の矯正医療に携わり、特に高齢受刑者のことを調べるうち、諸外国とりわけ欧米の刑務所事情を知りたいと考えるようになった。海外の文献を読んでみると、欧米でも高齢受刑者の増加が問題になっていることがわかった。ただその増加率には相当の違いがある。わが国の検挙者数や受刑者数は一九九〇年代から急増し、しばらくの間、刑務所は過剰収容が続いていたが二〇一〇年代に入って減少しはじめた。とりわけ少年をはじめとして二〇代三〇代の若年層ではそもそも逮捕される人数が減っている。これがなぜなのか定説はない。前章のくり返しになるが、法務省の関係者や法曹関係者に質問してみたが、明快な回答はなかった。街のいたるところに監視カメラが設置され、犯行現場の映像がテレビにも流されるようになったことが抑止力になっているという意見はあるらしい。もう一つは社会適応に悩む若者が、かつては暴走族に代表されるように行動化していたのが、近ごろはそのエネルギーがなくなりひきこもってゲームをしているからだという意見もある。

外国、とくにわが国が属する欧米文化圏の諸国ではどうなのだろうか。アメリカは、人口がわが国のおよそ二倍だが受刑者がおよそ二百万人いる（日本はおよそ五〜六万人）ので比較の対象にならない。この国は刑務所に入る閾値がかなり低いようだ。比較するならヨーロッパの国がよいと考えたが、どうすれば見学させてもらえるのか計画が必要だと思った。この種の視察はしばしば行われていて、私も研究会などで報告を聞いたことがある。ただ、その多くは数時間、関係者から説明を聞き、施設を見学して回っただけという内容が多く、そういう視察でどこまでわかるのだろうかと疑問を抱くことの方が多かった。そのような思案をしていると、フィンランドに認知症ケアの調査に行った際に利用したエージェントが刑務所見学も斡旋してくれそうだということがわかった。詳しい事情はわからないが、このエージェントの代表者は幅広い人脈を持っているとのことだった。こうして二〇一七年にヘルシンキ刑務所、二〇一八年にヴァンター医療刑務所、ヴァナヤ刑務所、ケラヴァ刑務所の見学を行うことができた。また、スオメンリンナ島に行き、開放刑務所として名高いスオメンリンナ刑務所で、受刑者が島内で作業をしている様子などを見学した。

ヘルシンキ刑務所は、ヘルシンキ市内にある閉鎖刑務所で、フィンランド刑務所の基幹施設の一つらしかった。ちなみにフィンランドの刑務所は大きく開放型と閉鎖型に分かれていて、その比率はおおむね一対一とのことだった。開放型刑務所は塀がなく、受刑者は原則として出入りが自由である。処遇もそれにそって行われており、刑罰として受刑しているというより社会復帰のために受刑しているという位置づけが明確になっている。

ヘルシンキ刑務所は美しい赤レンガの建物だった。日本の刑務所は門に警備員が立っており、用件を確認され身分証明書の提示を求められることが多いのだが、ヘルシンキ刑務所の入り口は開放されており、立入禁止と書かれてはいるものの建物に容易に近づくことができた。ただ、建物自体の警備は厳重で、私たちは最初に所長室に案内されたが、そこに着くまでに鍵のかかる戸を数カ所通らねばならなかった。この辺りは日本の刑務所とほぼ同じであると言っていい。

所長は五〇歳前後の男性で、にこやかに私たちを迎えてくれたが何やら忙しそうだった。日本の刑務所には高齢受刑者が多いことはよく知っているとのことだった。私たちが見学したとき、ヘルシンキ刑務所の受刑者の平均年齢は三八歳程度で、最高齢は五〇歳代の後半とのことだった。所長と少し話したあとは、三〇歳ぐらいにみえる若い刑務官が案内してくれた。この刑務官はユニークな人だった。まず髪型が独特で、言葉で表現しにくいのだが、サッカーワールドカップで人気を集めたイングランド代表のデイビッド・ベッカム選手に似ていて、両側を薄く刈り上げ、てっぺんの髪はきれいにそろえて盛り上げてあった。感心したのは、整髪料で整えてあって乱れがまったくないことだった。これは相当におしゃれな人だと一目でわかった。制服の着こなしもしゃれており、日本の刑務官とは一味違う。端正な顔立ちをした精悍な青年で、前腕や首にタトゥーが入っているのも印象的だった。欧米人のタトゥーとわが国の入れ墨ではだいぶ意味合いが違うだろうが、日本ではタトゥーが入っていると刑務所には採用されにくいのではないか。少なくとも制服で隠れない部分にタトゥーがあると刑務所に勤務するのは難しいだろう。

一つの工場に入った。広い空間だが閑散としている。六、七人の受刑者が二手に分かれて作業していた。一方は、三、四人で作業していたが、実際に手を動かしているのは一人だけで、あとはおしゃべりをしながら座っていた。作業している人は一生懸命何かを作ろうとしているらしかったが、周囲が何もしないことに不満を持っている様子には見えなかった。もう一組は何もせず作業で使う台の上に寝そべっていた。そのうちの一人は居眠りしている様子だった。日本の刑務所の工場とはまったく違う光景だった。日本の刑務所の工場は、数十人の受刑者が、数名の刑務官の監視下に一言も発することなく黙々と作業をしている。勝手に持ち場を離れたり発言したりすることは許されない。まして作業中に居眠りをすることは許されず、たちどころに指導されて「懲罰」を受けることになりかねない。懲役が受刑者の義務であり、居眠りは義務に違反しているからである。私たちが入っていくと、どこからかこの工場の担当者らしき人がやってきた。その工場で何を作っているかなどを説明してくれた。私はつい「あそこで寝ている人がいるけどかまわないのか」と聞いてみた。その担当者は少し顔をしかめて「本当はいけないのだが、今日の午前中まで非常に忙しかったので仕方ない」と弁解めいた発言をした。その後、私たちが部屋を出ようとしていると背後で笑い声が起こった。案内役の刑務官が「寝ていた奴がおまえ日本からの客に笑われてたぞ、とからかわれていた」と説明してくれた。どこまでも鷹揚である。日本の刑務所ではありえない光景ばかりだった。どちらがよいとか悪いとかは別にして違いの大きさを感じた。

歩きながら若い刑務官に日本の事情を話した。日本で高齢受刑者が多いこと、七〇代、なかには八〇代の人もいると話すと不思議そうな顔をしていた。「フィンランド人は日本人ほど長生きしないからね」などと言っていた。高齢者が増えると刑務所の中で死ぬ人が出てくる。これは当然のことである。私も刑務所勤務時代、何枚かの死亡診断書を書いた。「受刑者が若いと刑務所で死ぬ人はほとんどいないでしょうね」と聞くと「私がこの刑務所に勤めてから（確か六、七年）二人の受刑者が死んだ。二人とも自殺だった」という返答が返ってきた。この言葉に私は非常に驚いた。自殺者がいたという事実にではない。日本の刑務所でも自殺者はおり、時々新聞報道されることがある。罪を犯して逮捕され、社会から隔絶されて長く刑務所で過ごすうちに人生に絶望して死を選ぶ人がいるのは洋の東西を問わないだろう。本気で自殺を企図しようとされたら、それを一〇〇パーセント防ぐことは難しい。私が驚いたのは、刑務官が外国からの訪問者にその事実をためらうことなく話すという事実にである。日本の刑務官ならば、この種の質問にはまず答えない。まして自殺者がいたという事実に触れようとはしない。刑務所で自殺者が出たことは、その刑務所にとって汚点だと考えられているからである。もし、外部からの訪問者に案内役の刑務官が「この数年に自殺者が数人いた」といった趣旨のこぼれ話をしたら（実際はまずありえないだろうが）、その職員はおそらく処分の対象になるだろう。開放的なフィンランドと閉鎖的な日本、対照的なのは処遇の仕方だけではない。空気そのものが違っているのである。

あるセクションに入ると五、六人の男性と若い一人の女性が何やら雑談していた。中央にホールがあり、テーブルがあってそこで話している。その左右には個室とキッチンがあった。ここは出所が近い薬物依存の人たちが集まっているところだという。若い女性は心理学を専攻する学生でインターンとしてここでボランティアをしているのだという。ちなみにフィンランドでの主たる乱用薬物はアルコール、コカイン、マリファナ、アンフェタミン（覚せい剤）などであるとのことだった。近ごろは日本の刑務所でも心理技官や非常勤の臨床心理士が薬物依存などをテーマにグループワークを行うことがあるが、そばに刑務官が立ち合うことになっている。私たちが入っていったとき、ホールには受刑者たちと若い女性の心理士だけしかいなかった。モニターはさされているのだろうが、ずいぶんやり方が違うものだ。私たちが入っていくと受刑者たちがいろいろ話しかけてきた。これも日本ではありえないことで、もしも見学者に受刑者が話しかけたらただちに懲罰であろう。日本の刑務所では受刑者と見学者が廊下ですれ違うと、受刑者は廊下の壁側を向いて見学者と顔を合わせないようにするのが一般的である。これは受刑者のプライヴァシーを守るためであろうが、同時に見学者が顔を見られないようにするという配慮もあるらしい。廊下ですれ違っただけで顔を覚えられるのだろうかと疑問に思うが、日本の刑務所はそこまでリスク管理が徹底しているということでもあろう。受刑者の一人がしきりに自分の部屋を見てくれという。刑務官に聞くとかまわないというので中を見させてもらった。壁に女性のポスターがところ狭しと貼ってある。棚には缶詰や雑誌がたくさん置いてある。要するに彼らは私物をたくさん持っているのだ。これも私物の持ち込みが厳しく制限されている日本の常識とはかけ離れていた。

最後に私たちは刑務所内のチャペルに案内された。なかなか立派なチャペルである。「先日もここで結婚式があった」という。受刑者の一人がここで結婚式を挙げたらしい。日本でも受刑中に結婚する人はいるが、結婚相手が刑務所にやってきて式を挙げることはない。驚くことばかりだった。ずいぶん長い時間丁寧に案内してもらい、私たちはそろそろ失礼しようとした。午後一時ごろ刑務所に着いて、もう午後四時になっていた。すると刑務官は「まだいいじゃないか」という。自分の勤務は午後五時までで、「どうせまだ帰れないから、もう少しいてくれ」というのである。そこで日本の刑務所事情なども話しながらチャペルに三〇分ぐらいいた後、記念撮影して刑務所を後にした。ヘルシンキ刑務所は、私が最初に見学した場だったからだろうか、この若い刑務官の言動とともに強烈な印象を与えた。タトゥーを入れたおしゃれな若者は、いかにも機敏に行動できそうであり、また質問には一つ一つ考えたうえで答えていた。日本の刑務官に比べれば自由に発言していたことは間違いないが、一定の基準はあって、それに従って答えている様子だった。おそらく優秀な刑務官で幹部になっていく人なのだろうと思った。コスト意識もあり、「一人の受刑者には一日二〇〇ユーロかかっている」「だから無意味に長く刑務所にいるのは税金の無駄だ」と言っていた。この刑務官の自由な発言には感心することが多かった。職員が自由でなければ受刑者に開放的な処遇ができるはずがないというあたりまえの事実を改めて認識した。

ヘルシンキより北部にあるケラヴァ刑務所は男性を収容する開放刑務所である。広い敷地の中に農地が点在していた。外部に働きに行っている受刑者も多いのだという。塀に囲まれておらず、門も出入り自由だった。所長は闊達な印象の女性で広い敷地内を案内してくれた。ここで印象的だったのは、とにかく敷地が広いことで、さまざまな農作物が栽培されているようだった。あるビニールハウスに入ると、初老の男性が農作物の世話をしていた。所長が挨拶して日本からの客だと伝えると、その職員はビニールハウスの作物を一つ一つ丁寧に教えてくれた。正直なところ私たちは広い敷地を歩いてやや疲れていたのだが、その職員はかなり熱心だった。職員はそのうち「受刑者も植物も同じだ」「肥料と水と太陽が必要だ」「水と太陽は適切な量でなければならない」といった具合に自分の矯正教育論を語りはじめた。所長も疲れていたのではないかと思うが、職員が話すのをうなずきながら一切制止することなく聞いていたのに感心した。

刑務所での開放処遇について、私はかねて気になったことを尋ねてみた。それは受刑者の逃走である。「逃走することはないのか」という質問に、所長は「時々ある」とヘルシンキ刑務所の刑務官と同じように率直に答えてくれた。「日本では刑務所から受刑者が逃走するとマスコミに大きく取り上げられて大問題になり、刑務所が批判される」と話すと「フィンランドではそういうことはない」「もちろん逃走はよいことではないが、開放的に処遇していれば仕方ないという受け止めをされていて、地域住民やマスコミからも強く批判されることはない」とのことだった。文化の違いとしか言いようがない。この開放刑務所を見学した数カ月前、日本では数少ない開放処遇をしている刑務所から男性受刑者が逃走した。その受刑者は瀬戸内海を泳いで渡り、ある島でいくつか空き巣に入り、二十数日をしのいだ末逮捕された。もともと窃盗犯で暴力性はない受刑者だった。だからこそ、日本のきわめて厳格な基準に基づいて民間の工場で働くという開放処遇（日本でこの種の処遇の対象になっているのは、当時約五〜六万人の受刑者のうち十数人にすぎなかった）の対象になった。逃走期間中、マスコミは連日報道していた。その受刑者は雨風をしのぎ食物を手に入れるために空き家を使ったが、誰かに危害を加えることはなかった。幸い、この事件に関して刑務所の開放処遇自体を批判する報道は目立たなかったが、私は連日ニュースの冒頭に出てくること自体に若干の違和感を抱いていた。日本では刑務所は高い塀に囲まれた、社会と隔絶された存在なのだ。

こういう事情は認知症ケアに関しても同様だった。刑務所の見学に先立ち、私は認知症ケアの調査のためスウェーデンとフィンランドを視察した。いくつかの施設を見学したが、どこでもかなり足腰の弱そうな認知症の老人が自由に歩いていた。拘束は行われておらず、鎮静のための投薬も最低限だった。「転倒事故はないのか」「もし事故があったら家族からクレームはないのか」という質問に対し、スタッフは「転倒することはある」が「家族からクレームを受けたことはない」「家族には状況をよく説明してある」との答えだった。日本では病院や老人介護施設で転倒事故が起こるとしばしば家族から猛烈なクレームを受ける。訴訟に発展することもある。その結果、病院や施設は転倒リスクを最低にする対策、つまりベッドに拘束するという手段を選んでしまうことがある。拘束されれば患者の足腰が弱り、活動性が低下し、認知機能低下も早まる。何より不快でつらい体験だろう。この構図は刑務所の開放処遇が批判されるのとまったく同様である。

ケラヴァ刑務所よりさらに北部の街ハーメンリンナにあるヴァナヤ刑務所は女性を対象とした開放刑務所である。女性所長は私たちが訪問した数週間前に法務省の招きで日本に行ってきたとのことで、とりわけ歓迎してくれた。ここにも塀はなく、一見しただけでは刑務所だとはわからない。多くの受刑者は外部に働きに出ているとのことだった。広い敷地の中にコテージ風の建物が点在しており、数人が共同生活をしているとのことだった。施設を見学中、ちょうど医師が診察している場面に出会った。内科医らしい若い女性医師が看護師と話していた。婦人科系や内科系の病気の他に「精神障害がいろいろある」とのことだった。うつ病、薬物依存、摂食障害などが挙げられた。乱用薬物はやはりアルコール、マリファナ、アンフェタミンで男性と相違がないようだった。正確な数字は確認できなかったが、受刑者の精神障害の罹患率は高いというのがその医師の意見だった。この施設で治療が難しい人は医療刑務所か外部の病院に入院することになるそうで、それほど待たずに対応してもらえるという。

医務室を出て所長と日本の刑務所にも精神障害の人は結構多いなどと話していると、所長は大きくうなずき、彼女が見学に行った女子刑務所には精神障害の人は一人もいないと説明を受けたが、「あちこちで叫び声が聞こえたし、様子がおかしいと感じた人がいた」「あれが精神障害でないとは思えない」と苦笑しながら語った。確かに日本の刑務所には精神障害の診断を疑われる受刑者が多いと思う。それが精神障害ときちんと診断されず一般刑務所で処遇されている現実がある。

この女子刑務所には乳児と母親が一緒に暮らしている別棟の施設が併設されていた。受刑中に出産した受刑者は乳児とここで暮らすのだという。私たちが見学したときには六、七組の母子がいただろうか。各自の部屋の他にホールがあり、看護師ないし保育士と思しき職員がいて世話をしていた。受刑者の大多数は有色人種で、移民が多そうだという印象を受けた。フィンランドでこのような施設を作っているのは「子どもの人権」を優先するからだという。親は犯罪者で受刑しているにしても、生まれてくる子どもには親と過ごす権利がある、それを守らねばならないという考えに基づいているとのことだった。

医療少年院に勤務時代、収容されていた女子が出産したのに遭遇したことがある。出産ぎりぎりまで医療少年院におり、病院で出産して数日後には戻ってきた。赤ちゃんは乳児院に預けられたとのことだったと思う。私はそれを目の当たりにして生まれてくる子どもを不憫に思ったが、その子どもの「人権」について考えたことはなかった。所長の説明を聞いて発想の違いを強く感じた。実は、日本にも同様の仕組みはあり、本気で運用すれば刑務所内で育児をすることはある程度は可能らしい。そのことを私はこの見学から帰ってから、ある女性刑務官から聞くことができた。ただ実際はそのような運用はおそらくまったく行われていないだろう。私に教えてくれた刑務官も「子どもが刑務所で育つことがいいとは言えないと思います」との意見だった。ならば刑務所の環境をどう整えるか、という発想に向かうには相当の距離がある。

ヴァナヤ刑務所の所長はなかなかの人物であった。刑務所はこうあるべきだという自分の信念を話してくれた。その中で一番印象に残ったのは「私たちはよい受刑者を作ることではなく、よい市民を作ることを目標にしている」という言葉であった。彼女はつい最近視察してきた日本の刑務所にいろいろ思うところもあったのに違いない。私は「日本の刑務所はよい受刑者を作ることに躍起になっている」と言われたような気がした。

日本とフィンランドの刑務所の違いは、根本的には刑務所に収容する目的を「刑罰」のためと考えるか「社会復帰」のため（「よい市民を作るため」）と考えるか、という点に起因している。日本では受刑は応報であり、犯した罪を償うために受刑している。そういう前提だと、いろいろな規則は「罪人なのだから仕方ない」という論理で正当化されがちである。しかし、社会復帰のためという前提で処遇が行われるならば、いかに現実の社会に近い環境下で周囲に適応して生活できるかが課題になる。刑務所の中でだけ通用する規則でがんじがらめになっていた人間が社会に復帰しても、社会生活のスキルが身に着いているはずがないからである。

こうしてみると日本の刑務所の在り方を批判ばかりしているようになってしまうが、フィンランドの刑務所がよいことばかりというわけではないだろう。外部からの見学者には、自分の施設の長所を説明するのは洋の東西を問わず同じだろう。歴史や文化が違い、刑事司法システムが異なる以上、単純に理想化するわけにはいかない。

たとえば日本の刑務所は暴力団対策に常に細心の注意を払っている。フィンランドにも日本の暴力団やギャング・マフィアに相当する組織がないわけではないが、影響力はごく小さいとのことである。これはある法務省の関係者から聞いたことだが、戦後のある時期、日本の刑務所は暴力団抗争が持ち込まれて大変な運営上の困難に苦しんだことがあったらしい。そのトラウマが今日の日本の刑務所の規則だらけの運営に影を落としているとのことである。反社会的な傾向が強い受刑者と介護殺人の受刑者を画一的に処遇しがちであるのを批判するのは容易だが、柔軟で多様性に富む処遇をするためには多大な予算の裏付けが必要になる。刑務所のあり方は最終的には国民がどのような刑務所を望むかによって決まってくるのだろう。このことを最後に付記しておきたい。

往診が教えてくれること

数が多くはないが、往診をしたことがある。今も機会があればできるだけ往診をすることにしている。『刑務所の精神科医』というこの本のタイトルから離れてしまうが、医療施設の外での経験という意味では共通するところがあるとも言える。

私がはじめて患者の家を訪問したのは、まだ医師になっていない、臨床心理学を学んでいた大学院生のときのことだった。確か博士課程の一年生だったから、臨床心理学を学びはじめて三年目であり、実質的な臨床経験と言えるものがほとんどない時期だった。

私が所属する大学の心理相談室に、ある家族から一人暮らしの息子がひきこもってしまい、家族と対話もせず、どうしているのか不安だが、どうしてよいのかわからないという相談が寄せられた。本人は来ないが家族がやってきて相談するというのは、精神科診療や心理相談ではよくあることである。私はその後家族から何回か事情を聴いたが、何をどうしてよいのかまったくわからなかった。何回目かの面接で、家族から突然、息子のアパートに行ってくれないかという提案を持ちかけられた。「先生は息子と年も近いし、息子が心を開いて何か話すかもしれない」というのである。いきなり知らない人間が訪ねていったら本人は驚くだろうし、脅威を感じるだろう、さすがにあまり気が進まないので消極的な返事をした。すると家族は本人のアパートに行って、自分たちが相談に行っていること、その相談をしている若い先生が訪ねてきてくれること、嫌なら会わなくてよいことを手紙に書いて渡してきたという。手紙を読んだ確証はあるのかと聞くと、「手紙は時々書いていて事柄によっては返事が来るので読んでいると思う」「先生、お願いします」「もうどうしていいのかわからない」と必死の形相で言う。今の自分なら、この申し出を断るだろうが、若い私は患者の家族の勢いに負けてしまい、「では一回だけでも行ってみましょう」と返事をしてしまった。

その青年が住んでいたアパートは、私の自宅からバスを使って一時間ほどのところだった。バス停から結構離れていて不便なところにあった。訪問したのは夏のことで、汗を拭き拭き長い道のりを歩いた記憶がある。部屋にたどり着き、ノックをした。中に人がいる気配がしたが、返答はなかった。私は何度かノックをして、「家族から聞いていると思うが、話をしたくてきた」と伝えた。結局、返答はないままだった。二回目の訪問も返答がなかったが、メモを残して帰宅した。

おそらく三回目か四回目の訪問でドアが開いて、私は部屋に通された。精悍な顔つきの青年だったが、髪と髭がぼさぼさに伸びていた。テレビがつけられたままだったが、見ている様子はなかった。食べ物が腐っているのであろう、異臭がした。一番驚いたのは、窓とカーテンが閉め切られ、台所の窓には目張りがしてあることだった。夏のとても暑い日で汗が滝のように流れて止まらなかった。今から四〇年ほど前のことで、まだ熱中症が大きな話題になることはなかったが、私は暑さに参ってしまった。不思議なことに青年は汗をかいておらず、そう暑そうなそぶりも見せていなかった。「暑くないか」と尋ねたが「平気だ」という。私は家族からの相談できた経緯を説明し、実家に帰らない理由などを訪ねたが、確たる返答は得られなかった。「テレビを観ているのか」「普段何をしているのか」などの質問をしたが、いずれもあいまいな返事が返ってきた。時折、理由もなく微笑んだ。統合失調症を発症してひきこもっている青年だということは経験の浅い私にも理解できた。帰り際に「また来てよいか」と問うと「もういいです」とのことだった。

家族との面接で、私は青年とのやりとりを伝え、これ以上の訪問は難しいこと、医療につながないと治療は難しいのではないかという意見を伝えた。数カ月後、家族は青年の友人たちに頼み、青年をとある精神科病院に連れていった。青年はそのまま入院した。

今思えば滅茶苦茶な家庭訪問だった。まず、青年にとって侵襲的である。また、若い青年が一人でいる部屋に、見知らぬ人間が一人で訪れるリスクも無視できない。何が起きても不思議はない。現在の自分なら、こういう家庭訪問は決してしないし、若手の医者や心理士に許すことはない。

とはいえ、あのままでは、あの狭い部屋で青年は脱水のため死んでいても不思議はなかった。だから結果的には私の「往診」は無意味ではなかった。青年をひどく傷つけることもなかったように思う。青年は無事入院し、しばらくして退院したという話を聞いた。だが、このエピソードを思い出すたびに、私は自分の無鉄砲さを意識せずにはおれない。

以前、患者たちと尾瀬に行ったことがある。先の家庭訪問をした年の秋のことである。心理士として研修に出ていた精神科病院のデイケアの患者から、「今度みんなで尾瀬に行くから一緒にきてくれないか」と誘われた。私はてっきり病院のスタッフも同行するのだろうと思い引き受けた。尾瀬は文学部の学生時代、水芭蕉の咲く時期に二度ほど行ったことのある大好きな場所である。秋の紅葉も美しいだろうと楽しみにしていた。ところが、後日、スタッフ会議で、この尾瀬旅行は患者が自発的に計画したものでスタッフは関与していないことがわかった。一泊二日で山小屋に泊まる旅行に行くことに不安を感じたが、スタッフたちの意見は、自分で引き受けたのだから行くしかないだろうということだった。病院を退院してデイケアに通っている人たちだし、まあ大丈夫だよという雰囲気だった。おおらかな時代である。

当日、どういう経路で行ったのかは忘れたが、鳩待峠《はとまちとうげ》で夜明けを待った。空が明るくなるとともに歩きはじめ、尾瀬ヶ原に入った。紅葉が美しかった。ゆっくりゆっくり木道を歩き、おそらく見晴十字路のどこかの山小屋に泊まった。夕食をとった後、私はとても疲れを感じて、布団を敷いてそのまま眠ってしまった。広い部屋に私たちの団体が全員寝ることになっていた。うとうとしているときに、患者たちが「俺たちに付き合ってくれて疲れてるんだよ」などと話している声が聞こえた。ずいぶん優しい目で見てくれているんだなと感じた。

早く眠りに入ったせいか、それとも何かの気配を感じたのか、私は夜中に目を覚ました。みんなよく眠っている。ところが、一つの布団がもぬけの殻である。トイレだろうと思ってしばらく待ったが帰ってこない。仕方ないので廊下に出てみた。すると驚いたことに、一人の男性が廊下に座り込んで何やら小さな声で独り言を言っている。傍らにウイスキーの瓶が置いてあり、一人で酒宴をやっていることがわかった。泊まったことがある方ならご存知だろうが、夜の山小屋で騒音を立てることはご法度である。とにかく部屋に戻そうとしたが、すでにかなり酔っていて、こちらの言うことを聞いてくれない。無理強いして反発されるとかえってうるさい音が出てしまうので、仕方なくそばに座って一緒にいることにした。私がそばに座ってからは独り言を言わなくなり、黙々とウイスキーを飲んでいた。そのうちに私の全身はひどく冷えてきた。紅葉が美しい時期の尾瀬はかなり寒い。寝巻代わりにトレーナーを着ていたと思うが、しんしんと冷えてきて耐え難くなってきた。相手はウイスキーを飲んでいるからだろうか、寒そうな気配はない。「寒くないですか」と聞くと黙ってコップを差し出してきた。こちらが酔ってしまったらまずいと思ったが、あまりの寒さに一杯だけ飲むことにした。身体は温まったが、緊張していたからだろう、酔いはまったく感じなかった。どれぐらいの時間、そこにいただろうか。私にはずいぶん長く感じられたが、せいぜい三〇分程度だったのかもしれない。しばらくすると彼は飲酒をやめ、「寝ようぜ」と言って部屋に入り、すぐに寝息を立てはじめた。

翌日のことはよく覚えていない。どういう経路で帰ってきたのかも記憶にない。たぶんへとへとに疲れていたのだと思う。件の男性はすこぶる元気に歩いていた。無事に下山したときは心底ほっとした。ただ、紅葉が美しかったことは鮮烈な記憶として残っている。私はその後、秋の尾瀬に何回となく行ったが、尾瀬の紅葉にあのときほどの感動をすることはなかった。

私が医者としてはじめて往診をしたのは、やむをえずのことからだった。医師になって二、三年目だったと思う。大学病院での研修を終え、精神科病院の常勤医になったばかりのことだった。私は家族に連れられてやってきたアルコール症の入院患者の担当医になった。その泥酔した初老の男性は娘たちに連れられて外来にきた。大手企業で仕事をした高学歴の人だったが、アルコールが入ると家族、特に妻に暴力を振るった。それがもとで妻は家を出てしまった。娘たちは結婚してそれぞれの生活を営んでおり、受診したとき、男性は私が勤めていた病院の近くのアパートで一人暮らしをしていた。飲酒して周囲に迷惑をかけるため、娘たちが大家から頻回に呼び出された。今日、ようやく病院に連れてきたので、どうしても入院させてくれないと困るという。

身体合併症はなく肝機能障害も軽微だった。入院して数日後には、さしたる離脱症状もなくアルコールが抜けていき、ごくふつうの初老の男性に戻った。ありがちなことだが、アルコールが抜けてしまえば、物腰の低い穏やかな初老の男性だった。精神症状と言えるものは一切なかった。そこで家族の了解も得て、この男性は閉鎖病棟から開放病棟に移った。開放病棟は日中、外部との出入りが自由であり、どこかに行こうとすればいつでも出かけることができるし、場合によっては病院から逃げ出すこともできる。それでもその患者は穏やかに一言も文句を言わず淡々と過ごしていた。私は、この男性をこのまま入院させていていいのだろうか、と疑問を感じた。娘たちは滅多に見舞いに来なかった。仕方ないので電話して病院に来てもらって相談したところ、自宅に帰れば必ず飲むから退院はさせないでくれと懇願された。どうしても退院させるなら、どこか一生入院させてくれる病院に転院させたいから紹介してくれという。自分たちで山奥の病院を探してもいいとまで話した。そして、この人の酒のせいで自分たちがどれほど苦労してきたかわかるのか、と涙ながらに訴えられた。

少々困った私は、アルコール症の専門病棟や外来を持っている病院を探して転院してもらうしかないと考えた。ケースワーカーを介していろいろやりとりした結果、入院のまま転院するのは難しく、いったん退院してもらい、専門外来を受診してもらうのが道筋だとわかった。ところが、この「いったん退院して」というのが家族の激しい抵抗にあった。とはいえ家族にも「山奥の病院に一生入院させる」のは本当のところ抵抗があったので、まずは短い外泊をして、うまくいけばいったん退院し、それから外来で専門的な治療を受けてもらうということでようやく合意した。かくしてその患者は入院して数カ月後に一泊二日の予定で最初の外泊をした。外泊をした翌日、昼までに病院に帰ってくる予定になっていた。しかし、昼を過ぎ、午後二時になっても三時になっても患者は帰ってこなかった。看護師たちは「だから言ったじゃないですか」という冷たい視線を私に投げかけた。おそらく病棟ではアルコール症の患者を数多く見てきたベテランの看護師中心に、経験の浅い医者が患者に騙されているという談義をしていたのだろう。

　仕方ないので、私は患者が一人暮らしをしているアパートに迎えに行くことにした。若い男性看護師が付き合ってくれた。アパートの部屋には鍵もかかっていなかった。私たちが入ると酒臭かった。部屋はおそらく彼が入院したときのままで片づけもされていないらしかった。家具も少なく、いかにもわびしい一人暮らしのアパートだった。寝ている彼を起こした。私たちを認めるとにわかに泣きはじめた。そして、「すみません」「すみません」としきりに謝った。かと思うと「病院には帰らないよ」「さっさと帰ってくれ」と強い口調で言ったりもした。しばらく押し問答をした後、私たちは半ば強引に小柄なその男性を病院に連れ帰った。このまま部屋にいたら脱水して死んでしまう。病院への帰り道は行く道よりいっそう遠かった。患者は再び閉鎖病棟に戻り、治療は仕切り直しになった。

後日、アルコールが抜けた患者は「飲む気は本当になかったんだけど一人であの部屋にいたらわびしくなってね」「酒を飲むぐらいしかすることもないしね」と話していた。この言葉には妙に実感がこもっていた。彼のアパートの部屋を実際に見たのでわかるような気がした。外泊して何をするのか、そこまで話し合って外泊してもらわないとこうなってしまうことを痛感した。アルコールをやめたあとの時間をどうするかを考えずにアルコールをやめることはできないのである。この患者はケースワーカーのおかげでやがてアルコール症の専門病棟を持つ病院に転院していった。

他にも、精神科病院の閉鎖病棟から無断離院した患者を呼び戻すために家に行ったことがある。慢性化した統合失調症の女性患者だった。すでに何回目かの入院で、病院生活にも慣れていた。閉鎖病棟の患者でも症状が落ち着いている場合、看護師が付き添って病院の庭を散歩するのが習慣だった。できるだけ開放的な処遇をするのはよい習慣なので、医師と看護師で相談して看護師の付き添いがあれば園庭を散歩するようにしていた。普段は大きな問題は起きないのだが、そのとき、なぜかその患者は走って逃げ出したという。さっそく担当医である私が病棟に呼び出され、看護師からどうしたものかと相談された。逃げ出した理由はともあれ、とにかく病院に戻ってもらわなくてはいけない。誰かが行くしかないのだが、若手の看護師たちは子どもを保育園に迎えに行くなどの用事があり、結局私と初老の女性看護師が二人で訪問することになった。幸い自宅は病院から近いところだった。

歩いて数分で自宅に着いた。古い木造の一軒家だった。患者は自宅にいたので一安心である。しかし、病院に帰ろうと言っても納得してくれない。話せば話すほど興奮してきて、病院や私の悪口を激しく言うようになった。困ったなと思いつつ、食堂に入ってなおも説得をしていると、突然私の背後から叫び声が聞こえてきて、誰かが走ってきて私の背中を激しくどついた。鈍い痛みが走った。びっくりしてふりかえると、小柄な女性が一人横になっていた。どうやら勢いが余って転倒したらしい。そのおかげで彼女の蹴りは私の背中にジャストミートしなかったようだ。年齢からみて患者の母親らしかった。「おまえらはオウムか」「拉致しに来たんか」と女性は髪を振り乱しながら険しい表情で言った。オウム真理教の事件が連日報道されている時代のことだった。私たちは白衣を着て病院からやってきたので、いっそう怪しく見えたらしかった。当の患者がびっくりした様子で「お母ちゃん、病院の先生だよ」と説明してくれた。すると母親はにわかに礼儀正しくなって平謝りに謝った。そしてお茶を出すからと奥の部屋に通された。

改めて部屋に入って周囲を見渡すと、ふすまや障子はぼろぼろに破れていた。衣類や食べ物が散乱し、異臭もした。私たちはこたつのある部屋に通され、座るように言われた。用意してくれた座布団はしみだらけだった。すぐ帰りますからと遠慮したが、断固としてお茶を飲んでいけという。そしてお茶とお茶菓子を出してくれたのだが、茶碗がやけに汚い。急須もいつ洗ったのかわからない印象だった。私と看護師が手をつけられずにいると、母親は「大丈夫ですよ」「毒は入っていませんから」という。どうやらこの母親も統合失調症の患者らしいとわかった。おそらくこれまで治療を受けずにきたのだろう。私は覚悟を決めてお茶を飲み、お茶菓子を食べて、患者に一緒に帰ろうと話しかけた。すると母親は娘（患者）を「なんで逃げてくるんだ、この馬鹿」「こんないい先生いないじゃないか」と叱りつけた。娘はおとなしくなって帰院に同意してくれた。

家にいたのは一時間程度だっただろうか、私たちは三人で帰路についた。私は母親が病気なのに治療も受けずにいることが少し気になったが、無治療でも大きな問題なく生活できている患者がいることを改めて認識した。とはいえ、娘さんの方は退院したら、あの生活状況で服薬を順守して、安定した生活をしてもらうのは容易ではないと実感した。外来診療だけで患者の生活の実際を理解するのは、とても難しいことも感じた。背中の痛みは幸いにして数日後にはなくなった。

次の往診は、ある中年女性が姉に連れられて外来にやってきたところから始まった。その女性は、問診から重症のうつ病と診断できた。姉はやっとのことで連れてきたのだという。希死念慮が強かったので、そのまま入院してもらうことになった。ひと月もたったころだろうか、患者の容態はだいぶ改善してきた。そろそろ自宅に日帰りで行ってみますか、家も気になるでしょうし、と話すと何やらもごもごしている。何か事情でもあるのかと問うと、実は二〇歳ぐらいの息子がこの数年自宅にひきこもっているのだという。これまでの診察では一人暮らしと聞いていたのだが、なんだか話しにくかったのだという。息子は家の外はおろか、自分の部屋からほとんど出ないのだという。ひきこもりとしても相当に重症である。このひと月はどうしていたのだろうかと気になったが、患者の姉が食べ物を運んでいたらしい。受診を勧めたが、病院など来られるはずがないという。確かに自宅からずっと外に出ていない青年がすんなり受診できるはずもない。家庭内暴力などはないことがわかったので、場合によっては私が往診します、と伝えると安心した表情を浮かべた。

何カ月かして患者は元気になって退院した。その後はおおむね定期的に通院するようになった。何回目かの外来で患者は姉と一緒にやってきて自宅に来てくれと懇願した。私が行ってもおそらく会ってくれないだろうし、行くことで変な動揺がなければよいがと思ったが、入院中安易に約束してしまったこともあり、数日後に患者の家を訪問した。私が来ることをあらかじめ伝えておいてくれるように頼んだ。患者は高級なマンションに住んでいた。死別した夫は大企業の社員であり、病院に連れてきた姉は商売で成功した人だった。私はリビングルームでしばらく母親と話した。息子の部屋はリビングから離れており、物音もしなかった。

私はしばらく家にいて病院に戻った。こうした訪問を数回繰り返して様子を聞いた。息子の様子に大きな変化はないとのことだった。

何回かの訪問で、部屋の外から声をかけたが反応はなかった。ある日の外来で大きな変化がないことを母親に確かめたうえで、その次の訪問で思い切って部屋の戸を開けることにした。鍵はかかっていなかった。部屋の戸を開けた瞬間の光景は忘れられない。そのマンションの一室には煙草の煙が立ち込めていた。ニコチンの匂いが強烈だった。窓のカーテンが締め切られていて真っ暗だったこともあり、目が慣れるまで青年の顔がよく見えないほどだった。青年は特に取り乱した様子もなく座っていた。髪と髭がかなり伸びていた。部屋の掃除はしておらず、入浴もしていないので異臭がした。アトピー性皮膚炎がかなり悪化しており、瞼の炎症がひどくて目を開けにくい様子だった。終日何もせず煙草を吸っている生活が年単位で続いていた。まだ携帯電話もテレビゲームもない時代のことである。その青年は、文字通り何もせず部屋に何年もひきこもっていた。

自分が母親のうつ病の治療を担当している精神科医であることを伝え、今の心境などを尋ねてみた。強い反発はなかったが、はっきりした反応もなかった。その日に受診を勧めるのは控えて、また来ると言って辞した。次の外来で母親から様子を聞くと、特に反発はしておらず、むしろ久しぶりにリビングまで出てきたという。ただ、そうすると家中が臭くなって、とこぼした。私は三回程度往診して話をした。受診についてはついに返事がなかった。精神症状についても尋ねたが、明確な返答は得られなかった。強い対人恐怖症状があることは推察できた。やむをえず母親と姉に親戚の男手を借りて病院に連れてきてくれと伝えた。継続的な通院は難しそうだったので、外来での治療ではなく、いったん入院してもらうしかなかった。数日後、青年は親戚に連れられて病院にやってきて、そのまま入院した。特段の抵抗はしなかったとのことだった。

この青年の治療はその後長い期間かけて担当することになった。その紆余曲折は書くゆとりがないが、やがて家を出て社会福祉の支援を得て、日常生活を自立して送れるようになって、単身生活を送るようになった。半ば強引に往診したことが気になっていたが、後日尋ねたところ、青年は私が家にやってきたときのことをふりかえり「怖かったけど、同時にほっとした」と語った。これは本音なのだろうと感じた。

一時期、重度心身障害児の専門治療施設で精神科外来を担当していたことがある。常勤医が急にやめてしまい、とても困っているとのことで、二、三年間、週に一回その病院に通った。多くの患者は中等度から重度の知的障害と自閉症スペクトラム障害や難治性てんかんなどを合併しており、多動・暴力・食事や性に関する問題・不潔行為などの多彩な行動障害があった（そもそも行動障害がなければ通院する必要がない）。家族は疲弊していた。外来でどうしたらよいかを相談するのだが、私は途方に暮れることが多かった。薬物療法をいろいろ試みても、なかなかうまくいかなかった。文献も調べてみたものの役に立つ対応や処方を示したものはほとんどなかった。そもそもこの領域に関する研究の蓄積も専門家も少ないことがわかった。

今でも記憶に残っている患者と家族は少なくない。その中にいつも母親だけが薬を受け取りに来ていた患者がいた。その母親はひと月からふた月に一回程度、二〇歳代の息子の薬を受け取りに来ていた。初めの数回は「次はご本人と一緒に来てください」「わかりました」というやりとりが行われた。しかしいつまでたっても一緒に来る気配がない。カルテを見ると数年間母親だけが受診し、かなりの量の鎮静系の向精神薬が処方されている。私の前の担当医はどうやら数年間本人に会った形跡がない。おそらくその医師も説得したに違いないが、母親はついに本人を連れてこず、しかし懇願されて薬を処方しないわけにはいかずズルズル時間がたったのだろう。本来あってはならないことだし、医師が処方をやめるのは簡単と言えば簡単である。しかし、こういう病院で診察していて、重度心身障害児の激しい行動障害と家族の疲弊を目の当たりにすると、説教して処方しないという決心をするのは難しい面があるのも確かである。

担当医になって一年ぐらいたったとき、私はいろいろ細かく状態を聞いてみた。そしてとにかく患者を連れてきてくれないとこれ以上薬を処方できないと半ば脅すように言ってみた。母親は非常に困った表情をしたが、それでも連れてくる自信がないという。話すうち、これはもう自分が行くしかないという考えが湧いてきた。精神科病院に勤務していたころの経験があったので、往診に抵抗はなかった。その病院のケースワーカーに事情を説明し、同行してもらって診察終了後に往診することに決めた。

一家は古い公営住宅に住んでいた。家の中は片づいていたが異臭がした。一つの部屋に患者と思しき青年が腰に縄を巻きつけられていた。そのもう一端は柱に結ばれていた。最近は見なくなったが、かつて犬小屋が庭に置かれていたころ、犬に首輪がつけられ一端が杭につながれていたが、ちょうどそれと同じ光景だった。久しく太陽にあたっていないからだろうか、青年は青白い顔色をしていた。食事はとれているらしく、著しく痩せていると言えるほどではなかった。挨拶したが言葉によるやりとりは難しいようだった。私がその家にいたのは一時間弱だったと思うが、時折険しい表情を浮かべては唸り声をあげた。

家には父親と母親がいた。初老の父親は穏やかそうな人だった。家の様子から、一家が経済的に楽ではないことが容易に見てとれた。幼いころは親が力で押さえつけていたのだろうが、やがて父親の手にも負えなくなってきたらしい。腰に縄を巻きつけて柱に括りつけてから、もう何年もたっているらしかった。両親は乱暴な人には見えなかった。ただひどく無力な感じを与える人たちだった。自分の息子を縄で縛っている現状をなんとかしたいという気持ちがあまり感じられなかった。私たちが家を辞すときに母親が封筒を渡そうとした。一見して心づけであることがわかった。感謝の言葉とともに受け取れないことを説明して引き取ってもらったが、それにしばらくの時間を要した。それだけ自宅を訪問した医者への感謝の念が強かったのだろうと解釈した。

次回以降、私は患者の状態をイメージしながら少しずつ処方を変更した。数回目には母親から最近は縄で縛らなくてもよくなったと聞いた。大量の抗不安薬と抗うつ薬を少量の非定型抗精神病薬に置き換える作業が功を奏した。それはそう難しい作業ではなかった。ただ、患者本人に会わずに重大な副作用が起こりうる抗精神病薬を処方するのは難しい。いきおい当面の安全性を優先して抗不安薬の処方で対処しようとしてしまい、やがて鎮静効果を期待して処方された抗不安薬が逆説的に衝動性を増す（脱抑制）ということになる。この患者はそうした不幸な経過をたどっていたらしかった。

自宅訪問から数回の診察を経たころ、私はその病院を去ることになった。ようやく常勤医が見つかったとのことで私の役割は終わったのだ。母親はついに息子を病院に連れてきてくれなかった。外出をひどく嫌がるということだった。カルテに経緯をまとめ、申し送りをした。ただ、忙しい業務の中で、あの患者がその後どのような診療を受けたのか定かではない。今の私であれば、病院のケースワーカーと相談して継続的な対応を役所に求めていただろう。あるいはケースワーカーにもっと具体的な指示を出していただろう。残念ながら、当時の私はケースワーカーに継続的なかかわりを依頼しただけで、その後の経過を確認することをしなかった。家庭訪問に同伴したケースワーカーは、あの部屋の異臭や腰に縄を括りつけられていた姿に私ほど驚いていた様子がなかったように思う。もしかしたらこれまでにも目にしていた光景なのかもしれない。考えすぎだろうか。

これは明らかに虐待事例である。両親には自分の子どもを虐待しているという認識はまったくなかった。言うことを聞かない子どもをどうしてよいかわからず、誰に相談したらよいかもわからず窮余の策として縛りつけたのだろう。あるいは医者に相談したのかもしれないが、医者たちは投薬以外の方法を持たなかったのかもしれない。この一家の社会的な孤立が虐待の背景にあると感じざるをえなかった。

この他にも、往診をめぐってはいくつも思い浮かぶ経験がある。心理士としての研修時代のエピソードは、今でも冷や汗が出る思い出である。一歩間違えれば、患者も私も危ういことになりかねなかった。今なら、こういう「冒険」は許されないだろう。近年、医療従事者はトラブルになることをおそれてリスクをおかすことを避ける傾向が強まっている。致し方ないが、そのため失われているチャンスもあると思われる。

病院の外で会うと、外来診療ではわからない患者の生活が見えてくることは間違いない。患者の暮らしの現実にそぐわない「助言」や「指導」に意味がないことを改めて感じるが、きっと今もしているに違いない。せめて、患者の実際の生活は医者の想像をしばしば超えていることを意識していたいと思う。往診はそのことを改めて思い出させてくれる貴重な機会である。

矯正施設における精神療法

医療少年院に勤めてしばらくしたころ、ある人から「犯罪者たちを治療するのに葛藤はないのか」と尋ねられた。虚をつかれた感じがした。自分の目の前にいる少年少女たちは、悲惨な養育環境で育ってきており、同情に近い感情を抱くことの方が多かったからである。

医療少年院にいる少年少女の多くは加害者であった。残酷な犯罪をした少年少女も少なくなかった。そういう事実は記録を読むことで十分知ることができたわけだが、日々の診療では眼前の患者のことを考えるので、背後にいる被害者のことに思いが至らなかったのである。しかし、改めてそのように問われると、確かに一般の医療とは違った面があるのは間違いなかった。

加害者の処遇に関するこの種の議論は、何も医療にかぎられたことではない。殺人によって大切な人を失った被害者の家族が、加害者たちが少年院や刑務所で三食不自由なく食べていること自体が許せない、という趣旨の発言をしているのを聞くことがある。また少年院や刑務所では、社会復帰のために被収容者がさまざまな資格を取得することを奨励しているが、犯罪をして収容されている加害者がどうして無料で資格をとれるのか、納得がいかないという意見を耳にしたこともある。

その一方で、少年院や刑務所などの矯正施設は、被収容者の人権が守られていないという批判にもさらされている。名古屋刑務所での刑務官による受刑者暴行事件（二〇〇一〜二〇〇二年）を契機に、明治時代以来の監獄法が改正された。全国の刑務所に視察委員会が設置され、外部の有識者が監視する体制が作られた。

要するに、少年院や刑務所の在り方はいろいろな立場から批判されている。

話題を非行少年少女や受刑者の精神医学的治療に戻す。治療と言うからには、非行少年少女や受刑者たちの中でなんらかの精神疾患に罹患している人たちが対象になる。彼ら彼女らが統合失調症や双極性障害のような狭義の精神障害に罹患していれば、話は比較的わかりやすい。病気を治療するのは医者の本分だからである。

しかし、矯正施設、特に少年院では、被収容者が必ずしも狭義の精神疾患に罹患していなくても精神科医がかかわることが少なくなかった。非行少年少女に精神科医が関与して立ち直りになんらかの役割を果たそうとするのは、一見すると望ましいあるいは麗しい行為に思われるかもしれない。しかし、医療行為は、医学的治療を受ける必要がある人に対して、その人の同意に基づいて始められるものであり、精神科治療と言えども例外ではない。これは非行や犯罪をして少年院や刑務所に収容されている人たちについても同様である。相手が未成年だからといって、あるいは犯罪者だからといって、精神科医があいまいな枠組みでかかわるのは慎重であるべきかもしれない。

非行や犯罪は社会的価値観を含んだ概念である。医学も生きていること自体や健康であることが望ましいという価値観を前提にしており、まったく没価値的ということではない。ただ、これはかなり普遍的な価値観である。一方、何が悪で何が犯罪なのかというのは、歴史的・社会的に相対的な判断を含んでおり、時代や文化により基準が異なっている。医学、特に精神医学がこの種の問題にかかわるのは、考えはじめると微妙な問題に遭遇することになる。ある発言や行動を医学的に異常だとしてただちに治療の対象にするのは危うい。こうした発想が拡大解釈されていけば、旧ソビエト連邦で反政府的な思想の持ち主が精神科の強制治療を受けたのと同様の事態になりかねない。

こう考えていくと、矯正施設で精神科医として働くというのは、結構難しい側面を持っている。

事柄はそう単純ではない。だいぶ前に矯正医療にかかわりの深い精神科医数名で座談会を企画したことがあるのだが、考え方はさまざまだった。矯正医療における矯正は歯列の矯正と同じで歪んだ部分を正すのが仕事だと考える精神科医もいれば、反社会的なパーソナリティの持ち主でも本人が望まないのに治療するのは反対だという意見もあった。その座談会ではないが、犯罪者と治療者の実存的なかかわりこそが矯正医療の中核だという意見を読んだことがあるし、贖罪の気持ちを育てることを何より重視する精神科医もいた。こういう複雑さは加害者を対象とする精神医療に独特だろう。

かつては非行や犯罪そのものを精神医学的あるいは心理学的治療の対象と見なそうという考えがあった。子どもは健全に成長すれば非行や犯罪に手を染めることはないはずなので、非行少年とはすなわち精神を病んだ少年だという理屈である。これを非行の医療モデルといい、第二次世界大戦前のアメリカで影響力を持った思想である。こうした発想に基づけば、非行少年つまり反社会的な行動をする少年と保護を要する少年との間に大きな区別がなくなる。すべては刑罰の対象ではなく、医療や福祉の対象なのである。古きよきアメリカの民主的思想であり、この思想は第二次世界大戦後GHQを通して日本に少年法として持ち込まれた。アメリカがこうした思想から遠ざかったのちも、日本はしばらくの間医療モデルに基づく少年矯正に関する理想を保持しつづけた。

こうした医療モデルの拡大は、実は少年非行に関してだけでなく、いろいろな領域で見られる。一つの例として、一九九〇年代初めには四〇万人程度だったわが国のうつ病患者（うつ病の診断で治療を受けている人）が、およそ一〇年間で一〇〇万人を超えた現象をあげることができる。一般的な精神科医は、うつ病は本来内因性、つまりなんらかの身体的素因を有していると考えている。そういう病気が一〇年の間に二倍三倍になるはずがない。したがって、うつ病患者の急増は、病気の患者そのものが増えたというだけでは説明がつかない。診断基準の変化、経済状況、社会構造の変化、早期受診を促進するキャンペーンの成果などの心理社会的要因が絡み合ってうつ病患者の急増が起こった。同業者に叱られるかもしれないが、重症患者の診察や当直を避け開業する医者が増え、街中に心療内科を標榜する診療所（クリニック）が急増し、その診療所の経営を保持するための患者の供給が必要になった面もある（志をもって診療所で診察している人たちも少なくないことは言うまでもない）。受診の敷居が低くなったのは喜ばしいことだが、少し気分が落ち込んで受診した人をみなうつ病と診断し、通院と服薬を促す風潮が生じた。失恋したり上司に叱られたりすれば気分が落ち込むのは当然であり、その落ち込みをただちにうつ病の症状と断ずることはできないのに、悲しいとか気分が落ち込んでいると患者が言うと、うつ病と診断され抗うつ薬が処方されるという具合である。

人生には悲しみが必ずともなう。それをすべてうつ病の症状と見なして治療の対象としようとするのは精神医学の乱用であり、過度な医療化である。同じように非行はすべて精神の病気だと考えて医療の対象としようとするのも過度の医療化である。医者にそのような能力があるはずがない。医者は病気の診断と治療はできても、逸脱行動の治療ができるわけではない。医者は不可能な課題を引き受けてはいけないし、社会からそれを求められても困る。

何が医学、とりわけ精神医学の対象になるかは時代と文化によって変わってくる。かつて同性愛は精神医学の診断基準に掲載されていたが、現在はこれを治療の対象と考える精神科医はいないだろう。医者は自分の守備範囲がどこまでかを意識しておかないと、おかしなことが起こりかねない。たとえ善意や正義感から発したにしても、医療からの逸脱が起こりうる。

こういう事情もあって、矯正施設に勤務していたころはとくに、医者は「病気を治す」のが仕事なので、価値観からできるだけ自由でありたいと、私はいつも考えていた。ちょうどそのころ、「人を殺して何が悪いのか」という議論に対して、さる高名な文学者が「そういう発言をすること自体品位がない」というコメントをしたことがあった。「人を殺して何が悪いのか」という問いは、言わば「ためにする議論」として発せられる場合も多く、そうした場合、この文学者のコメントは説得力がある。「人を殺してはいけない」根拠を理論的に述べることはできないのも確かなことである。だからこの文学者の発言は社会に向けて発信したメッセージとしてはありうるだろうし、このようにしか言いようがないのかもしれない。

しかし、眼前の少年から一対一でその疑問が真剣に発せられた場合、そう言って切って捨てることは難しい。私は殺人を肯定する考えを持っていないが、精神科医は、世間であたりまえだとされていて疑問を持たれていない価値観を一応は疑う姿勢があった方がよいだろう。とりわけ狭義の医療から外れる領域については、多少とも斜めからみる習慣を持ちたいと考えていた。少年院や刑務所での治療では、「悪いことをした」人が相手である。こちらが善で、相手が悪、という図式にはまってしまうと意味のある治療関係はできない。既成の価値観に縛られない工夫が必要だと考えていた。もちろんこれは、価値判断をいったん保留しようということであって、何もかも相対化してしまうことを意味しているわけではない。

余談だが、私は哲学科の学生時代さしたる勉強もせず、無為にすごしてしまったが、当時教授だった山本信氏の「哲学とは常識批判である」という言葉が強く印象に残った。常識とされることを疑うことが哲学的な姿勢なのである。常識や規則が強く前提されている場に身をおく人間はいっそう「常識批判」の精神が必要なのかもしれない。

さて、少年院や刑務所に独特で、かつ精神科医の守備範囲であるものとして、薬物依存の問題がある。現代の日本では、乱用物質の代表は覚せい剤であるが、依存・乱用の対象となる物質は多様化しつつある。これらの依存物質は、長期間かなりの量を使用していると不可逆的な後遺症を残すことがある。刑務所には長期大量の乱用の結果、精神症状が慢性化している受刑者がいた。さすがに長期の乱用歴がある若者はごくまれだが、私は医療少年院勤務時にかなり重症のシンナー（有機溶剤）依存の少年数名と会った。なかには一〇代半ばにして、著しく脳が萎縮している少年もいた。乱用の頻度や量もすさまじかったのだろうが、シンナー乱用は決して軽視できないと痛感した。

とはいえ、一般的には、大多数の少年少女が警察と少年鑑別所を経て医療少年院に来るころには、薬物による精神症状はおおむねなくなっている。したがって、医療少年院や少年刑務所（若い受刑者を処遇する刑務所）での治療は、依存をどのように治すかに焦点があてられることになる。依存は薬物療法で治せるわけではないので精神療法が治療の中心になる。矯正施設に収容されて不自由な生活を強いられると後悔あるいは反省して乱用しなくなるかと言えば、そう簡単にはいかない。確かに一回の逮捕や受刑で依存から脱却できる人もいるだろうが、薬物乱用で繰り返し逮捕される人が後を絶たないことも事実である。薬物依存はアルコール依存同様、依存という病気だと考えて治療という観点からのアプローチが必要である。刑罰を与えて反省させる、悪いことだと指導する、身体に悪いと脅す、という方法だけでは大きな効果を期待できない。

治療の入り口は、「自分が覚せい剤に依存している」事実を認めることである。これが実はなかなか難しい。アルコール依存もそうだが、社会生活にさんざん不都合が生じていても、「自分はその気になれば、いつでもやめられる」から「依存ではない」というところから抜け出せないことが多いのである。これについては乱用歴や、どのようなときに乱用するかを繰り返し話し合いながら、実はやめるのはなかなか大変で、覚せい剤に頼っていたのではないか、覚せい剤なしにはやれなかったのではないか、ということを共通認識にしていく作業をすることになる。根気が必要である。

集団による話し合い（グループワーク）も有効で、乱用歴のある他者の話を聞くことで自覚が芽生えることが少なくない。こちらから見ると同じような乱用の仕方をしている少年が、他の少年の話を聞いて、「自分は依存していないが、あいつは依存している」と感じるのである。これは、製薬会社の営業担当者から薬品名が入ったボールペンや弁当を受け取る習慣が日常的だったころ、医者の多くがそうした習慣によって「自分は処方に影響を受けない」が、同僚については「影響されていると思う」とアンケートに回答したのと似ている。一般に自分の問題を自覚するのは難しく、他人の問題はよく見える。薬物乱用についてはいっそうのことである。

ただ、私が医療少年院に勤めていた当時は、少年同士が自分の生活環境について話し合うことは「社会話」として禁止されていた。自分の出身地なども話してはならないのである。出院後に連絡を取り合って悪い関係が作られること、すなわち「悪風感染」を防ぐためだと説明を受けた。依存のグループワークはどうしても個人的な内容にかかわってしまうので、残念ながら取り組みを行うことはできなかった。法務教官の目をかいくぐって情報交換をしていた少年たちもいただろうが、「どうせ陰で話し合っているのだからグループワークをやりましょう」などという言い分が通るはずもなかった。また、確かに、他の少年から住所を教えてくれと求められ、断るのに苦労したと話す少年もいた。

自分が依存していることを認めてくれれば、そこから先は本人と医者を含めたスタッフが共通の課題に向き合うことになる。治療の道筋が見えてくる感じがしていた。しかし、薬物依存を少年院や刑務所で治療する有利な点と不利な点は、塀の中にいればなんの誘惑もないという環境に由来している。いったん薬物から遮断され、乱用できなくなるという治療の出発点では有利に働く条件が、治療の仕上げでは不利に働く。その気になれば入手できる薬物なしで毎日の生活をどう組み立てるかの練習ができないのである。また、薬物依存は基底にある抑うつや空虚感を依存薬物で代償するという意義を持っているが、薬物によらない方法でこうした否定的な感情をどうしのいでいくかは、実際に社会生活を送りながらでないと生きた相談ができない。最近は薬物事犯の受刑者をできるだけ社会内で処遇しようという動きが始まっているが、治療という観点からみれば合理的な方法であることは間違いない。

薬物依存と並んで、医療少年院や医療刑務所で精神療法的な対応が切実に求められたのは摂食障害である。摂食障害は、多くの場合、一〇代から二〇代になんらかの理由で強い痩せ願望または肥満恐怖にとらわれ、食事を制限すること（拒食）から始まる。女性に多いが、男性にも発症する。食べる量が著しく少ないから初めは体重が減少し、拒食が強ければ生命の危機に陥る。ただ、大多数の患者は、途中から食事を制限するのが難しくなり、反動でたくさん食べる（過食）ようになる。しかし、痩せ願望や肥満恐怖は変わらないので、食べたものを吐く、下剤を大量に使用する、過剰な運動をする等により、体重を増やさないために無理を重ねるようになる。過食して嘔吐する患者がもっとも多いと思われる。

摂食障害自体は、言うまでもなく精神科や心療内科で治療を受ける病気である。この病気のために少年院や刑務所に収容されるわけではない。なぜ少年院や刑務所に摂食障害の患者が相当数いるかと言えば、過食の段階で必要になる食べものを万引きする人がいるためである。過食と嘔吐が重症だと、大量の食べ物を必要とするため費用もかなりかかる。食べる量や内容は人さまざまであるが、私が何人かの女子受刑者に聞いたところでは、欲求を満たすには毎日二千円から三千円は余分に必要だとのことだった。だとすれば毎月六万円から九万円出費が増えることになる。重症な摂食障害の患者がきちんと就労して安定した収入を得るのは容易ではないので、この出費が重なると耐えきれなくなって万引きに走る人が一定数いても不思議ではない。それにお金を出して買っても、数時間後には吐いてしまうのだから、支払うのが惜しくなる人もいるだろう。こうしたこともあって摂食障害の患者の何パーセントかに万引きが合併する。これは一般医療施設で担当した摂食障害患者の場合も同様で、私が主治医を務めた何十人かの患者のうち一定数は万引きの経験があった。担当医には話さない患者もいるだろうから、実際の比率はもっと高いかもしれない。万引きを症状の一つとして考えるべきだと主張している摂食障害治療の専門家もいる。

誰でも初めは緊張しながら万引きをする。慣れてくるとだんだん大胆になっていくようである。そしていずれ店員に見つかる。初回は叱って済ませてもらえることもあるだろう。特に犯人が未成年や女性や高齢者であれば、その確率が高い。一回見つかったことで万引きをしなくなる人もいるだろうが、過食と嘔吐が続くかぎり、大量の食物を必要とするという事情に変わりはない。二度三度と重ねて見つかれば、やがて警察に通報される。警察も初めは指導で済ませるかもしれないが、繰り返していればやがて書類送検され、留置され、起訴されて拘置所に送られる。最初の裁判は執行猶予付きの有罪判決が下されることが多いようだが、なかには執行猶予中に再犯し、受刑に至る患者がいる。

こうしたプロセスをたどる患者は、一般に摂食障害の症状、つまり過食と嘔吐も強く、少年院や刑務所に入っても摂食障害が持続することが少なくない。毎食ごとに徹底的に吐いてしまうので体重が減少し、たとえば身長が一六〇センチで体重が三〇キロを下回る、極端に痩せた受刑者も医療刑務所には少なからずいた。嘔吐によって血中の電解質バランスが著しく崩れてしまうことも医者を悩ませる。

過食嘔吐は薬物療法では治らないので精神療法的なアプローチを行うことになる。その詳細を記述するゆとりはないが、医療少年院や医療刑務所で担当した摂食障害患者との治療は、文字通り格闘するという感じだった。食事をめぐる規則違反も後を絶たなかったので、法務教官や刑務官との連携も必要だった。

とはいえ、治療の入り口は、これもまた自分が「病気」であると認めてもらうことから始まる点では依存症と共通している。多くの患者は、生命の危機に瀕しているのに、自分は病気で生命や健康が脅かされているとは認めないのである。これも説教や脅しや刑罰でなんとかなるものではないので、時間をかけた面接が必要になる。

万引き自体が精神科的な病気である可能性も否定できない。クレプトマニア（窃盗癖）という「窃盗のための窃盗」つまり「窃盗衝動を制御できず、リスクに見合わない窃盗を繰り返す」病気がある。確かに、万引きで繰り返し受刑している人の中には、お金が十分あって経済的な必要性がなく、快感やスリルを求めて万引きを繰り返しているように感じられる受刑者も少数だがいた。

これもまた、依存ないしは嗜癖であって、刑罰だけでなく治療的な関与が必要になる。ただしクレプトマニアの診断は難しい。ほとんどの場合、この診断が検討されるのは、患者が窃盗を重ね、警察に逮捕されるか、店舗からの通報を受けて本人と家族が対応に困った事態になってからである。弁護士がクレプトマニアと診断を受けることで起訴を逃れる、あるいは裁判を有利に進めようとすることもある。こうした状況で主張されるクレプトマニアの「症状」については慎重な検討が必要になることは言うまでもないだろう。

私自身は明確にクレプトマニアと診断できた患者はせいぜい数名であり、本格的な治療経験もないので、これ以上記述できることがない。しかし、過食-嘔吐-万引きという一連のプロセスが嗜癖的な色合いを帯びていると感じさせる受刑者がいたのは確かなことである。その意味では、一部の摂食障害患者による窃盗は、嗜癖という病であると言いうるだろう。

一般に、依存や嗜癖の治療は、診断以上に難しい。カジノの公営化にともなって増加が危惧されているギャンブル依存も含め、治療経験の蓄積も共有化も遅れている。こうした領域で一番臨床経験があるのは、もしかしたら刑務所に勤務している精神科医かもしれない。

少年院や刑務所での精神科治療というと、小説や映画に出てくる怪物のようなサイコパスが治療されていると想像されるかもしれない。現実には、絵に描いたようなサイコパスがどの程度実在するのか、私にはわからない。おそらく、とても反社会性が強い受刑者は、もっぱらベテランの刑務官が処遇していて、医者と面接する機会は少ないと思われる。経験を積んだ刑務官からみると大多数の医者がきわめて反社会的な受刑者に長時間対応するのは危なっかしく見えることだろう。また、一般にサイコパス的な受刑者本人も精神科医に会うことをさほど希望しないからである。これ以外にも、時間の制約などもあって、私の知るかぎりそうした治療は体系的な形では行われていない。治療目標で合意するのもそう容易ではないような気がする。少なくとも私はそうした試み自体をしたことはない。

精神医学の診断体系には、反社会性パーソナリティ障害というのがあって「他人の権利を無視し侵害する広範な様式」と定義されており、具体的な反社会的行為が列挙されている。少年少女の場合は素行障害という診断項目があり、「他人の基本的人権または年齢相応の社会的規範または規則を侵害することが反復し持続する行動様式」と定義されている。精神医学の診断基準に記載されているということは、これらが精神医学的な障害であるということを意味しており、それはすなわち精神医学的な治療の対象となりうることを意味している。

そうは言っても、実際のところ、反社会的なパーソナリティは精神療法の対象になるのだろうか。そもそもパーソナリティ(人格・性格)を治療するとはどういうことなのだろうか。

パーソナリティ障害の治療において薬物療法の効果は限定的であるから、治療をするなら精神療法が主体となる。精神療法の効果が期待できるとしたら、治療者と患者の間に「これが困った問題だ」「改善すべきはこれだ」という合意が成立していることが必要だろう。この合意がまったく成立しない場合、治療はそもそも困難である。

少年院や刑務所に収容することに治療的な意義があるとしたら、「困った感」を形成することにあると言えるだろう。心理的な負荷を感じるときに行動化する人の多くは、自分の感情を否認している。自分の境遇やつらい感情から逃避するために酒を飲み、博打を打ち、非行をする。矯正施設に収容されると、そうした逃避行動は一切できなくなる。自由の制限や規則正しい生活や日々の日課・懲役もつらいだろうが、ありあまる時間もまた苦痛である。

かつて少年鑑別所の日課に個室で何もしないでいる時間が多いことを知った人から「なぜもっと矯正教育をやらないのか」とお叱りを受けたことがあったが、実はこういう時間こそが内省が生まれてくるために重要なのである。「時間の速度をゆっくりにする」（長田弘）ことが、何かを考えるためには必要なのである。

一般に、行動化を繰り返しているかぎり精神症状は改善しない。たとえば摂食障害についていえば、嘔吐を繰り返しているかぎり過食は改善せず、病的な痩せ願望が弱まる可能性は著しく低い。少年院や刑務所はもっとも強固な枠組みを持った施設であり、その治療的意義は強固な枠組みで行動化を止めることにある。医療少年院に勤務した当初、規則によって行動化を封じ込めるやり方に対し、これでは出院すれば元の木阿弥ではないかという疑問を抱いたのを覚えている。しかし、社会内で相当の非行（行動化）をしていた少年少女が落ち着いてきて、自然な穏やかさを感じさせるようになることを経験して考えが変わった。行動化を繰り返しながら煩悶している人たちもいるのであり、強固な枠組みを提供することで、ようやく落ち着ける場合もあるということだろう。矯正施設の枠組みが内面に取り込まれるという印象だった。ただしこうした取り込みが起こるかどうかは、被収容者と法務教官・刑務官・医療スタッフの間に基本的な信頼関係が育まれていることが前提になる。

加害者に対する治療において、加害者のかつて受けた被害（多くは被虐待体験）をどのように扱うかという重要な問題がある。少年院や刑務所の多くの被収容者には被虐待体験がある。まず自分が受けた被害を想起し、実感することから治療を始めるアプローチがある。確かに自分の痛みを否認している人に他者の痛みを実感してもらうのは難しいだろうから、被害体験の想起から始めるのは一つの方法である。また、人が変わることがあるとしたら、求められた反省からではなく自己肯定感の中からであると思うので、そうした意味でありうるアプローチであると思う。しかし、加害行為が多様であるように、被害体験もまた多様である。扱うのはそう容易なことではない。児童虐待が、必ずしも被虐待経験を持つ親によってなされるとはかぎらないように、加害者が常に被害体験を持つともかぎらないということもある。

非行や犯罪を反省させるために被害者の気持ちを考えさせようという取り組みは、「他人の気持ちを考えろ」「他人の立場に立て」といった類の説教になりがちである。これではおそらく効果は期待できない。そうならないためにも、自分が受けた被害体験から始めるのは有効であり、これを広げて被害者の視点を治療教育に取り入れていくことが決定的に重要である。ただ、これはいざ実行しようとするとなんとも難しい。自身の被害体験と加害体験を折り合わせていく試みが、主として心理学者により行われている。私個人は、被害者の視点を取り入れる治療教育を行った経験はないので、これ以上コメントできる立場にない。これは今後の発展が期待される手法ではあるだろう。

精神療法にはいろいろな流派や技法がある。細かく数えていくと際限がないが、一説によれば数百に及ぶらしい。その中に加害者の精神療法に向いている技法があるのだろうか。

結論から言えば、何か特定の技法が相応しいということはないように思う。ロジャーズ派の精神療法は患者との関係を確立するうえで参考になる。精神分析は患者心理の理解に、家族療法の知見は非行・犯罪の発生の理解にそれぞれ役立つ。加害者を対象とする精神療法は、精神療法の中でも相当の応用編である。特定の技法にこだわらず、使える技法はなんでも使い、できることはなんでもするというのが適切なスタンスであろう。

どのような技法を取るにせよ、最低限必要なのは、気分・感情・思考の言語化である。メタ認知あるいはセルフモニタリングといってもよい。加害行為の多くは一時の情動や誤った観念に支配されてのことなので、まずは自分の感情を対象化・外在化して眺めることができないと変えることは難しい。

自分の感情や思考を外在化して眺めるのは、認知行動療法（以下、CBT）が目指すことである。CBTのモデルと洞察モデルを図示してみたので参照していただきたい。

洞察モデルでは治療者と患者が向き合い、対話を深めていくことで患者が自身の内面を内省するという図式になる。患者は自分自身に向き合うことを求められるし、治療者は陰に陽にそれを求めることになる。場合によっては治療者が直面化を求め、患者と向かい合うことになる。しかし、深く内省・反省して自分を変えていくということは、そうそう起こらない（自分のことを考えてもそうである）ように思う。まして自分の内面にある闇を見つめるのは難しい。「太陽と死は直視できない」（ラ・ロシュフーコー）という言葉があるが、心の中の闇もまた直視するのは難しい。

これに対してCBTモデルは、患者と治療者が治療共同体をつくり、患者の問題を外に出して（外在化して）、患者と治療者で眺めて問題解決の仕方を相談するという図式をとる。治療者と患

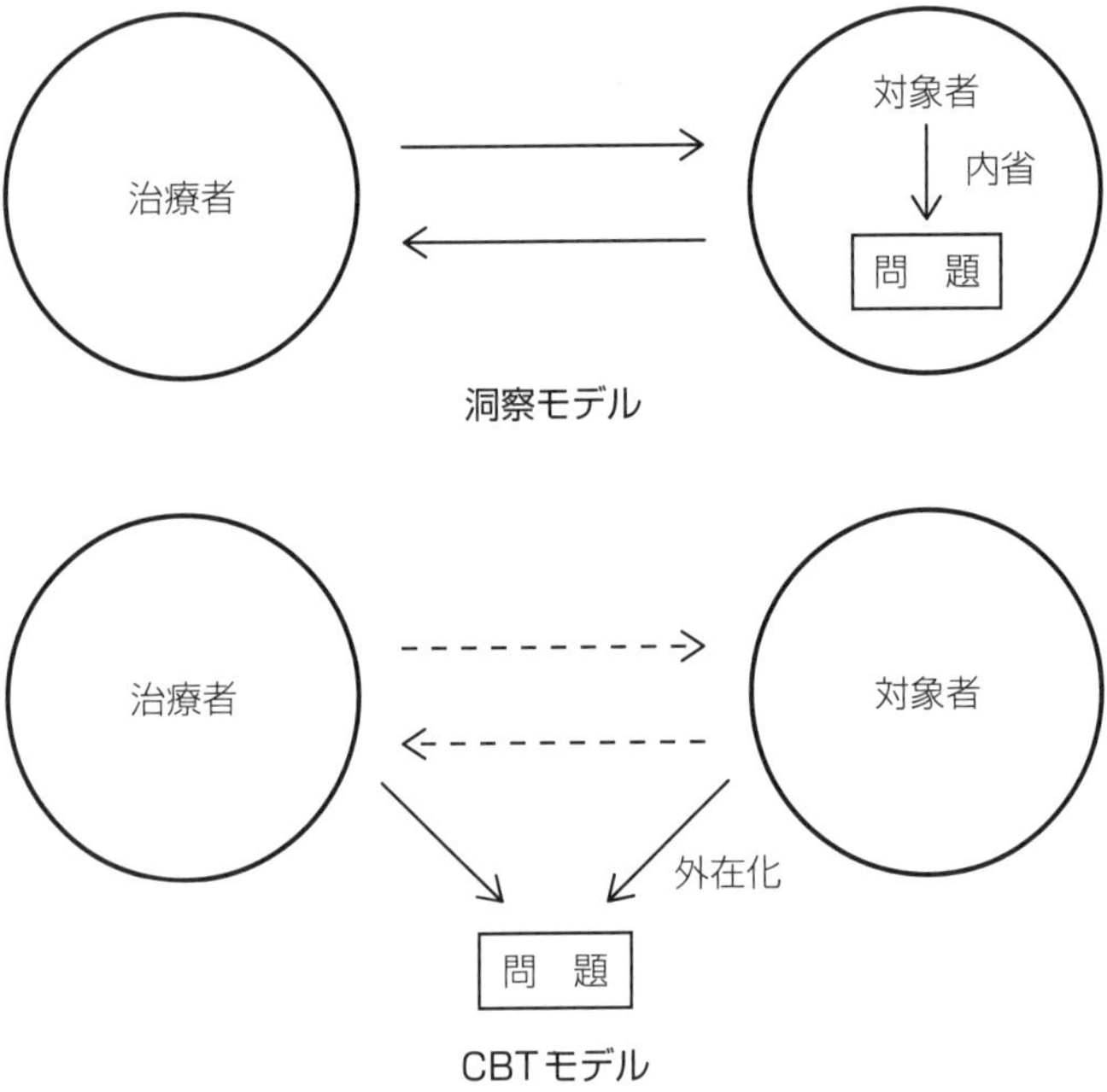

CBT モデルと洞察モデル（堀越・野村『精神療法の実践』より）

者が一緒に「困った問題」をどうしようかと相談するという図式である。私にはこちらの図式の方が現実的に思える。

あまり表立って言われないことだが、ＣＢＴでも、そして洞察モデルの精神療法ではいっそうのこと、治療の進展にはある程度の知的能力が要求される。しかし、矯正年報や犯罪白書などの資料は、少年院や刑務所には知的能力が低い被収容者が少なくないこと、おしなべて学歴が低いことを示している。一を教えて一〇を理解してもらえれば何よりだが、それは難しいことが多い。根気よく丁寧に接して、必要に応じて知識を伝えていくことが求められる。これは精神科医が法務教官や刑務官と協力して行うべき仕事の一つである。

加害者が一般に知的能力や学力にかなりの制約がある（もちろん例外も少なからずある）という現実から目をそむけ、精緻な精神療法論を展開しても空疎であろう。そもそも指示的な態度や教育・訓練もまた精神療法の一部を構成しているのであって、加害者を対象とする精神療法では、それがそれなりの比重を占めるということである。ただし、これはあくまでも知識を伝えることを意味している。いわゆる説教が意味を持った例を私は知らない。

最後に、少年院や刑務所で、面接していて難しさを感じたときに、私が頭に浮かべていたカール・ヤスパースの言葉を引用したい。「精神療法の根本は、どれほど異常な、どれほど不快な人間に対しても忍耐をするということにある」（『ヤスパース選集20 精神療法』）。彼自身は、持病のためほとんど臨床に携わっておらず、またいささか古めかしい表現ではあるのだが、この言葉は事柄の本質をついているように思う。

子どものころ、「罪を憎んで人を憎まず」という言葉を習った。今はほとんど死語になっているかのようであるが、被害者の権利が護られることと加害者への支援や治療が積極的に行われることは、矛盾・対立するわけではないはずである。加害者を対象とする治療は、成果がはっきりと確信できないことが多く、かつ再犯という形で「失敗」がつきつけられることもあり、しばしば職業的無力感を抱かざるをえないことがあるが、独特の魅力を持つ仕事であると思う。それは、「人間と社会の影や裏側」を垣間見せてくれることにより「悪とは何か」「正義とは何か」を考える契機を与えてくれる仕事であり、さらに「悪」や「破壊」への衝動という、自分の中にもありながら、日常目を背けようとしている何かに触れる機会を与えてくれるからではないかと思う。

あとがき

私たちは、見たくないもの考えたくないものをどこかに閉じ込めて忘れて、ないことにしがちである。非行や犯罪について言えば、マスコミで大きく取り上げられた事件であっても、犯人が高い塀に囲まれた矯正施設に収容されると、それで一件落着となって忘れ去られていくことが少なくない。しかし、彼ら彼女らは塀の中（少年院や刑務所）で生活しており、そこにはその生活を支える法務教官や刑務官がいる。また、彼ら彼女らの多くは、いずれ塀の外（私たちが暮らす社会）に戻ってくる。私たちは、私たちが安心して暮らしていくために大きな役割を果たしている塀の中（矯正施設）の様子にもっと関心を持っていい。それなら塀の中での私の経験を伝えることに何がしかの意義があるのではないかと考えたのが本書を執筆しようと考えた動機である。読後の感想はさまざまであろうが、読者が塀の中の様子になんらかの関心を持ってくだされば幸いである。

ただ、塀の中も案外広く、私の経験した範囲は限られている。また、私より長く矯正施設に勤務している医師は数多くいる。本書はあくまで限られた私の個人的経験をもとに書かれたものであり、（あたりまえだが）矯正施設に勤める医師の経験を代表するものでないことを重ねてお断りしておきたい。

また、私は被害者支援に関わったことがない。精神科の外来で犯罪の被害にあった患者さんの治療に携わったことは少なからずあるが、それはあくまで臨床医として関わったにすぎない。被害者支援は司法精神医学の大きな分野であり、その意味でも非行や犯罪に関する私の臨床経験は限られている。犯罪の被害者や被害者支援に関わっている人には、本書の内容がどのように感じられるのか、いささか不安もある。ただ、被害者支援と加害者の矯正や治療教育は本来矛盾しないのではないかと考えている。

近ごろ、「諦めなければ夢は実現する」「努力は裏切らない」などの言葉をしばしば耳にする。多くの人たちに共感をもって受け取られているようである。だが、いくら努力しても成功できないことはあるし、勝てないこともあるのではないだろうか。生涯努力を重ねても報われないこともあるかもしれない。それに、こうした言葉を突き詰めていくと「できなかった（勝てなかった）のは努力が足りなかったから」「希望が実現しなかったのは途中で諦めたから（あるいは夢の持ち方が足りなかったから)」という「自己責任」の思想に辿り着いてしまうのではないだろうか。より多くの努力をした人はより多く成功する、あるいは失敗しないとは言い切れない。人生にはどうしても運不運や不確実性がつきまとうのではないだろうか。だとしたら失敗した人やつまづいた人を一義的に非難することはできない。

私は若い時代からこのような感じ方・考え方を持っていたように思うが、多くの非行少年少女や受刑者と話す経験を積むにしたがって、こうした思いがますます強まっていった。私には非行少年少女や受刑者の多くが人生の偶然や不運に翻弄されているように見えた。矯正施設に収容されている人の中には、なんとも不運だと思わざるを得ない人たちがいた。そして、医療少年院勤務時には、人生のほんのわずかな何かが変わっていれば、自分も少年院に入って反対側の椅子に座っていたかもしれないと感じていた。

とはいえ、私たちは自分の人生を自分で生きていくしかない。少年院や刑務所に収容されている人たちは、偶然や運不運に振り回されただけで、なんの責任もないというつもりはないことを付け加えておく。私自身、少年院の被収容者や受刑者に会っていて、怒りや歯がゆい思いを感じたこと、不快感を抱いたことがあった。

本書の出版に際しては多くの方の支援をいただいた。とりわけ、みすず書房編集部の田所俊介氏には初めてエッセイ風の書籍を刊行するうえでさまざまなご助言をいただいた。また、旧友である都留康氏と柳与志夫氏には企画の初期からさまざまな励ましとコメントをいただいた。記してお礼を申し上げる。

二〇二一年六月　野村俊明

主要参考文献

American Psychiatric Association : *Diagnostic & Statistical Manual of Mental Disorders 5th edition.* 2013.（日本精神神経学会監修、高橋三郎他訳『DSM－5 精神疾患の診断・統計マニュアル』医学書院、二〇一四）

Asperger, H. : Die "autitistichen Psychopaten" im Kindesalter. *Arch. Psychiatr. Nervenkr.*, 117; 76-136, 1944.

バーバラ・J・キャラウェイ、星野敦子訳『ペプロウの生涯——ひとりの女性として、精神科ナースとして』医学書院、二〇〇八

Faraone, J., Biederman, J., Jetton, J.G., et al. : Attention Deficit Hyperactivity Disorder and conduct disorder. longitudinal for a familial subtype. *Psychological Medicine 27* (2); 291-300. 1997.

Fazel, S., Chhabra, J., O' Donnell, I. : Dementia in prisons : Ethical and legal implications. *J Med Ethics* 28(3); 156-159, 2002.

Ginn, S. : Elderly Prisoners. *BMJ* 345 e6263 2012.

犯罪白書 http://www.moj.go.jp/housouken/houso_hakusho2.html

堀越勝・野村俊明『精神療法の実践——治療がうまくいかない要因と対処法』医学書院、二〇二〇

法務総合研究所「法務総合研究所報告11 児童虐待に関する研究（第1報告）」二〇〇一

法務総合研究所「法務総合研究所報告19 児童虐待に関する研究（第2報告）」二〇〇二

Kanner, L. : Autistic Disturbances of Affective Contact. *Nervous Child 2*; 217-250, 1943.

カール・ヤスパース、藤田赤二訳『ヤスパース選集20 精神療法——精神療法の本質と批判』理想社、一九六六

笠原嘉『精神科医のノート』みすず書房、一九七六

小林勇「人間を書きたい〈三木清〉戦争に突入した時代の〈新しい哲学者〉の生き方」『文藝春秋』一九七二年一二月号

クルト・シュナイダー、平井静也・鹿子木敏範訳『臨床精神病理学』文光堂、一九五七（新訳があるが、筆者が参照した旧訳を示した）

矯正統計年報　https://www.e-stat.go.jp/stat-search/files?page=1&layout=datalist&toukei=00250005&tstat=000001012930&cycle=7&year=20190&month=0

Munir, K., Biederman, J., Knee, D.: Psychiatric Commorbidity in patients with attention Deficit hyperactivity disorder. *J Am Acad Adolesc Psychiatry* 26; 844-848. 1984.

中井久夫『日時計の影』みすず書房、二〇〇八

中島隆信『刑務所の経済学』ＰＨＰ研究所、二〇一一

大熊一夫『ルポ・精神病棟』朝日新聞社、一九七三

長田弘『一日の終わりの詩集』みすず書房、二〇〇〇

Reves, J.C., Werry, J.S., Elkind, G.S.: Attention deficit, conduct, oppositional, and anxiety disorders in children. II. Clinical characters. *J Am Acad Child psychiatry* 26; 144-156. 1987.

リチャード・ダンブロジオ、関口英男訳『ローラ、叫んでごらん——フライパンで焼かれた少女の物語』サイマル出版会、一九八三

Robins, N.L.: Conduct Disorder. *J Child Psychol Psychiatry* 32; 193-212. 1980.

佐藤直樹『加害者家族バッシング——世間学から考える』現代書館、二〇二〇

上田閑照『西田幾多郎——人間の生涯ということ』岩波書店、一九九五

WHO: *International Classification of Diseases 11th Revision.* 2018.

＊右記のほか、注意欠如多動性障害（ＡＤＨＤ）、自閉症スペクトラム障害（ＡＳＤ）の参考文献については、奥村雄介・野村俊明『非行精神医学——青少年の問題行動への実践的アプローチ』医学書院、二〇〇六に挙げたものも参照されたい。

著者略歴

（のむら・としあき）

1954年生まれ．日本医科大学名誉教授．精神科医．東京大学文学部卒業，同大学院教育学研究科教育心理学専攻博士課程満期退学．日本医科大学卒業．日本医科大学附属第一病院，複数の矯正施設等への勤務を経て日本医科大学医療心理学教室教授．2020年退職．2022年歿．著書に『非行精神医学』（共著 医学書院 2006）『非行と犯罪の精神科臨床』（共編著 星和書店 2007）『精神療法の基本』（共著 医学書院 2012）『生命倫理の教科書』（共編著 ミネルヴァ書房 2014）『精神療法の実践』（共著 医学書院 2020）などがある．

野村俊明
刑務所の精神科医
治療と刑罰のあいだで考えたこと

2021年 9月10日　第1刷発行
2023年12月25日　第7刷発行

発行所 株式会社 みすず書房
〒113-0033 東京都文京区本郷2丁目20-7
電話 03-3814-0131(営業) 03-3815-9181(編集)
www.msz.co.jp

本文組版 キャップス
本文印刷・製本所 中央精版印刷
扉・表紙・カバー印刷所 リヒトプランニング
装丁 大倉真一郎

ISBN 978-4-622-09037-3
[けいむしょのせいしんかい]